JINSU SHUOFANG

JIEMI CHANGJIAN DE 21 GE GOUFANG XIANJING

北京金诉律师事务所出品

金诉说房

——揭秘常见的 *21* 个购房陷阱

王佳红 主编

中国政法大学出版社

2020·北京

声　　明　　1. 版权所有，侵权必究。

2. 如有缺页、倒装问题，由出版社负责退换。

图书在版编目（CIP）数据

金诉说房:揭秘常见的21个购房陷阱/王佳红主编.—北京:中国政法大学出版社,2020.6

ISBN 978-7-5620-7336-9

Ⅰ.①金… Ⅱ.①王… Ⅲ.①住宅－选购－基本知识－中国 Ⅳ.①F299.233.5

中国版本图书馆CIP数据核字(2020)第090879号

出 版 者	中国政法大学出版社
地　　址	北京市海淀区西土城路25号
邮寄地址	北京100088信箱8034分箱　邮编100088
网　　址	http://www.cuplpress.com (网络实名：中国政法大学出版社)
电　　话	010-58908586(编辑部) 58908334(邮购部)
编辑邮箱	zhengfadch@126.com
承　　印	北京中科印刷有限公司
开　　本	650mm×980mm　1/16
印　　张	13.5
字　　数	180千字
版　　次	2020年6月第1版
印　　次	2020年6月第1次印刷
定　　价	49.00元

本书编委会

王佳红　王玉臣　戴金花　马　斌　冯　毅
罗　慧　李萌萌　李　萍　李泰龙　胡　琪

2006 年硕士毕业以后，我只身来到北京，最初是想投入到国家公务员的队伍中，但是终究与其无缘。机缘巧合之下进入律师事务所，开始了人生的第一份正式工作。其实，更确切地说，是进入了一个房地产专业律师团队。

彼时，对房地产业务并不是特别了解的我，对于自己的业务定位也没有明确的方向。当时我的老师是秦兵老师，他是一名非常著名的房产律师，曾经以《204 购房合同自助手册》一书而闻名于世，在业内更是享誉盛名。所以，早在 2006 年的时候，我就已经接触了大量的房地产类相关咨询和诉讼业务，了解了各类房地产纠纷及相对应的解决方案。

时光荏苒，从 2006 年到 2020 年，成为房地产专业律师的 14 年间，我已经接触了上千个房地产业务领域的诉讼案件，代理的客户超过五千人，客户中的很多人都已经是多年的老友了，长年累月的案件经验，让我深深感觉到房产业务离我们的生活是那么近，对每个人、甚至每个家庭的影响都是非常大的。而作为一名专业的房地产律师，除了熟练掌握专业的知识和技能外，还要掌握应国家和市场而不断变化、调整的房地产政策，更应该懂得如何运用专业的法律知识去解决客户所面临的问题，最为关键的是需要具备和客户良好沟通的能力。这才是一名专业律师所应该具备的综合素养。

在我代理的案件中，涉及商品房买卖纠纷的案件尤为之多，主要原因在于商品房买卖作为房产案件中最为普遍的类型，其中的任何一个环节，都可能存在风险，可以说纠纷随时都有可能发生。虽然，我代理了十多年的商品房纠纷案件，但每年仍然都能看到有新的朋友不断掉入陷阱，不断上当受骗，维权之路亦非常艰难。所以，我想通过对这些案例的整理及本书的撰写，告诉广大消费者商品房买卖中容易发生哪些纠纷？哪些地方最容易是陷阱？以及我们购买商品房时候如何预防？

本书是以我多年来所代理的真实案件为题材，从商品房认购阶段、签约阶段、收房阶段、入住阶段等各个环节，深入挖掘了各种类型的纠纷，帮助大家走出困境。同时，在本书的写作过程中，还有大量律师办理案件的专业分析、诉讼策略的设计和规划，更有作为律师和客户关系的维护和沟通技巧等，这些都能为年轻的律师在司法实践中代理案件提供诸多借鉴和技巧。

最后，在写这本书的过程中，回想起一次又一次的案件整理，一次又一次的书籍修改，都让我感触颇深。我非常感谢金诉律师事务所的各位小伙伴，感谢他们在整个书籍编写过程中所付出的努力和艰辛，感谢北京金诉律师事务所以及我的家人、朋友对我的支持。我一直相信只有最专业的团队，才能做好最专业的事。最专业的律师，才能做好最专业的案件。

王佳红

2020 年于北京

目 录

悲喜交加
——凭空增加的房屋面积

【买房——风起】

2010年春节，周先生带相恋多年的女友回家过年，商量年后结婚的事情，周老先生和夫人很是高兴，因为孩子一直忙于工作而没有女朋友。喜不自禁的两位老人急急忙忙将自己的积蓄和养老钱拿了出来，催着周先生赶紧去买婚房。

时间一晃到了2010年3月，房子还没有确定下来，双方老人已经催了好几趟。由于周先生和他女朋友工作都比较忙，小两口一合议，决定买精装修的房子，自己只需要添置家具就好，省去了装修的时间和麻烦。

工作之余，周先生和女朋友前前后后看了好几家开盘在售的楼盘后，最终选定了周边基础设施齐全且室内装修典雅的一家公馆。看完房子的第二天，周先生就去售楼部签了《商品房买卖合同》，并交纳了全部房款。

通过电话将成功签约的消息告知女朋友后，听着她对未来生活的规划，周先生也对即将到来的婚姻生活充满了憧憬。

【收房——云涌】

一年过去了，随着小两口的婚期越来越近，周先生交房的日子也快到了。2011年4月中旬，周先生接到房地产开发公司发出的入住通知书，通知4月30日前可以办理验房入住。兴奋的小两口提前预订了各个房间里的家具，准备待验房手续办理完后，就迅速入住。

到了验房这天，周先生起了个大早，高高兴兴地奔往自己未来的家。到了小区后，就一边走一边和女朋友报告："嗯，小区大门的建设，还有小区绿化造型，和宣传彩页上的差不多，真是良心公司呀，房间装修肯定差不了。"

然而，事实并没有预想得这么美好。在周先生验房前，被开发公司工作人员告知，因房屋面积实测下来比合同约定的增加了近4平方米，且在合同约定误差值的3%以内，周先生需要先行交纳12万多的房屋面积增加款后，方才能验房。无奈之下，周先生只好先交清面积增加款后，再进行验房。

那么，验房过程会很顺利吗？事实上，一旦事情的开头不好，过程注定会是很曲折的。

周先生和开发公司陪同验房的工作人员一路说话聊天就来到购买的房子门口。在工作人员拿钥匙的空档，周先生先看了看楼道的整体装修，发现自家房门上面的墙并不平整，粉刷的涂料一块一块的，此时周先生就警觉了起来。当房门打开的时候，就从屋子里冲出一股刺鼻味道，忍着刺鼻的气味，周先生小心谨慎地开启了他的"奇幻验房之旅"。

一进门厅，迎着客厅窗户透进来的光，周先生就看到天花板凹凸不平，甚至有的部分还形成了比较大的坑。踱步到客厅，低头一看，地面砖颜色不一，还有好几块都是碎的，踢脚线贴得歪歪斜斜。周先生快步走到阳台，长出一口气，正准备和工作人员说明哪些地方需要进一步做精细处理，一回头，猛地发现客厅的两面墙似乎有些倾斜；询问工作人员，其解释说是视觉差；心存怀疑的周先生用手机自带的水平测量仪一测，发现墙面并不完全与地面垂直。此时，周先生的心彻底凉了下来。

原本还想着让开发公司修补修补就息事宁人的周先生，打起精神来，再一次仔细地从门厅开始，查看房屋的每个角落，这一圈转下来，周先生傻眼了：各种大大小小的问题汇总起来多达30多项。

经过再三考虑，周先生将验房过程中发现的系列问题，让陪同的工作人员全部填写在了入住验房表中。周先生心理犯嘀咕，作为普通人用肉眼查看就有30多项问题，要是专业的检测机构检测，说不定会有更多的问题呢，心里想着想着，就开始打电话咨询房屋检测的事情。

很快，周先生就聘请了专门的房屋质量检测机构和空气质量检测机构对房屋进行检测。经过漫长等待后，检测报告的结果更让周先生吃惊，不仅房屋质量有诸多问题，而且房屋内的空气质量也不达标，甲醛严重超标。这下可吓坏了周先生，甲醛超标意味着什么？意味着可能会引发白血病！想到这里，周先生浑身瑟瑟发抖，心里冰凉，这房子哪敢住人啊，买房子是为了居住结婚的，不是为了更早地葬送生命的。

因为结婚的日子快到了，周先生多次联系房地产开发公司的领导，想着尽快把这个问题解决，但并没有得到房地产开发公司及时有效的回应。通过一段时间的奔走，周先生得知并不是自己一家遇到这种情况，在同一栋楼里的买房者，几乎全部都有着和自己一样的遭遇。但是，大多数人都停留在抱怨、气愤的状态下，并没有让开发商实际解决问题。周先生通过观察、沟通等最终和17家业主坚定地决定维权，而且必须要采取一些实际的行动。

为维护自己的利益，周先生和这17家业主团结起来，主动要求和房地产开发公司商议赔偿事宜，但依然得不到解决；后来大家商议，既然房屋质量问题这么严重，就应该寻求政府的帮助，于是向建设主管部门递交了信访件，反映了房屋所存在的各种各样的质量问题。

住建委收到18位业主的信访件后，联系了开发商，也组织了业主和开发商的见面会，在见面会上业主将房屋存在的质量问题一一罗列，并且还制作了幻灯片进行了展示，现场众多业主还询问建委的工作人员：为什么房屋质量问题如此之大？住建委对于这么不达标的房屋建设是如何进行的监管？为什么质量这么差的房子还能通过竣工验收等。开发商的表态就是房屋没有质量问题，现在所出现的只是瑕疵问题，而且很多都属于精装修的问题，通过维修是完全可以处理的。住建委的态度是，这个房屋虽然通过了竣工验收，但不代表房屋质量没有问题，而且精装修存在的问题不是住建委竣工

验收检查的范围。所以，房屋存在质量问题，开发商应该及时进行维修，若是业主有损失，双方可以协商，协商不成的，可以通过法院进行诉讼。

由此可见，试图通过住建委的施压迫使房地产开发公司来和他们商议解决之法，看来是无法达到周先生等业主的诉求了。

【争讼——雷雨始】

采取各种途径均没有达到想要处理的结果，周先生果断选择了请专业律师来维权——就此房屋事宜，委托笔者进行诉讼处理。

周先生和笔者沟通时明确表示："房子肯定是要的，但是房屋存在质量问题，这个需要房地产开发公司进行赔偿。"在和周先生沟通后，笔者给出了以下分析：

（1）房屋面积增加，有两种可能，一种是建筑误差，一种是规划和设计变更。建议通过申请政府信息公开获取房产项目的所有手续材料，以查清楚房屋面积增加的真实原因。

（2）证明房屋存在质量问题的检测报告，是周先生单方委托作出的，如果提起诉讼，房地产开发公司和法院对于它的真实性可能不认可。那么，需要和房地产开发公司共同委托检测机构重新检测或者申请法院指定检测机构进行检测。而检测的周期一般比较长，需要做好耐心等待的准备。

（3）周先生之前委托了检测机构对空气质量进行了检测，结果是不合格。但在诉讼过程中，房地产开发公司对这个单方委托的检测机构所作出的检测结果肯定不予以认可，这就需要另行委托鉴定机构进行鉴定，再次检测时的甲醛含量经过挥发、释放和入住后被人的吸收会降低不少，有可能就不超标了。而且，不同的检测方法，可能也会导致检测结果的不同。通常甲醛的检测标准有两种：一种是强制性的检测标准，一种是推荐性的检测标准；这两种标准的检测值不一致，前者标准低，后者标准高；前者检测密封的时间较长，后者检测密封的时间较短；要适用何种标准如果各方争执不下，法官也会左右为难。面对这样一个困境，需要我们另辟蹊径，向更专业的鉴定机构寻找解决方案。

具体的方向确定下来后，笔者分别向国土、消防、住建委、环保、规划等政府部门申请公开该房产项目的一系列手续。通过调查的政府信息，笔者知悉，房地产开发公司交付的房屋没有做环保验收、消防验收、人防验收，但已经做了建设工程质量的竣工验收。因此从法律上来说，周先生的房屋并没有达到交付使用的条件。

除此之外，笔者在调查过程中有两起重大发现。第一，笔者发现规划主管部门对房地产开发公司进行了大额度的行政罚款。原来是房地产开发公司在建造装修过程中，私自把设计图纸中楼房外部装修的外挂石材厚度由 20 厘米变更成 40 厘米。按照建筑面积的计算标准，外挂石材一般是要计入建筑面积的，因此整栋楼房的总建筑面积就会增加，临靠外围的业主的房屋面积就会增加。当然了，此项变更经过法定程序后才是合法有效的，因为房地产开发公司的擅自变更导致整栋楼建筑面积增加，所以规划主管部门对这种违法行为给予了行政处罚。第二，笔者发现，在房地产开发公司违反规划、违规建设的情况下，依然取得了整个楼的初始登记这是值得怀疑的事情，确切地说，这不合法。

真是"不查不知道，一查吓一跳！"至此，事情已经明朗化了。

笔者经过一番研究，又跟周先生多次沟通后，准备做两件事情：

（1）房地产开发公司开发的房屋存在严重的质量问题、没有通过环保验收和消防验收等，可以通过民事诉讼予以解决。为此，确定了两个方向，对住建委的行政诉讼和对房地产开发公司的民事诉讼。

（2）既然房地产开发公司违反规划进行建设，那么多出的面积应该属于违法建筑的部分，政府部门不应该为房地产开发公司核发初始产权登记。

以上两个方案，类似于组合拳，要分别出击、先后投放、合并处理，才能发挥最佳的效果。鉴于在中国的法治环境中诉讼政府部门，可能还是有比较大的难度，所以笔者和周先生商议后，决定先提起民事诉讼，根据民事诉讼的进展，再行决定提起行政诉讼的具体时间。

（一）对房地产开发公司的民事诉讼

关于民事诉讼，笔者根据周先生的要求，结合现有的事实和证据材料，在充分沟通的基础上分析利弊，最终确定了双倍返还面积差价款、支付逾期交房的违约金、赔偿空气质量不合格的损失、交付符合法律规定的房屋等八项诉讼请求。

鉴于房地产开发公司的态度一贯强硬，笔者同周先生商议后，拟好诉状便直接向法院提起了诉讼。

在正式开庭审理前，法院组织周先生和房地产开发公司进行了调解，但双方存在分歧的事项较多，并未达成一致。随后，法院组织了开庭。在接下来的几次庭审中，双方分别围绕八项诉讼请求展开质证和辩论。

（1）笔者以房屋未经过环保验收、消防验收、人防验收、房屋存在严重的质量问题等为由，主张房地产开发公司所交付的房屋不具备法定的交房条件和合同约定的交房条件，为此房地产开发公司应该承担逾期交房的违约责任。

（2）由于房地产开发公司因违法建设而导致周先生的房屋建筑面积增加，增加的面积属于违法面积，房地产开发公司无权就这部分面积收取所谓的面积差价款，而且房地产开发公司明知是违法建设仍故意隐瞒违法事实，还向周先生收取面积差价款，明显属于欺诈行为，应双倍返还周先生收房时已经缴纳的面积差价款。

（3）经过笔者和相关鉴定机构专业人士的深入沟通和论证，认为空气质量不达标的罪魁祸首应该是装修材料。随着时间的流逝，装修材料表面的甲醛等有害物质会释放、被吸收，但材料里面的此类物质释放会比较缓慢。因此，我们在庭审过程中提请法庭和审判人员，对装修材料的甲醛等有害物质是否超标进行鉴定，最终获得法庭允许。

（4）针对房地产开发公司开发的房屋存在严重的质量问题、存在甲醛超标等问题，笔者设计了违约和赔偿的诉求，同时要求房地产开发公司交付合格的房屋。

由于周先生提出了甲醛含量的鉴定，所以开庭程序暂时停止，等到鉴定结果出来后再恢复庭审。通过几个月的鉴定，结果不出所料，装修材料的甲醛含量果然超标。

法官很快组织了第二次开庭，庭审中房地产开发公司多次强调：房屋有质量问题我们会负责维修，周先生有损失可以提供实际损失的证据，由于房屋已经取得了竣工验收所以房地产开发公司不应该承担逾期交房的违约责任。虽然甲醛含量超标但按照合同约定违约金最高只有2万元，增加的面积是实测面积并不是违法面积等。双方就这些焦点问题辩论了四五个回合，都充分发表了意见。法官让双方陈述了各自最后的意见，告知需等待判决。

一个月过去了，两个月过去了，三个月过去了，判决迟迟不下，这下周先生急坏了，笔者拿起电话和法官进行了沟通，法官言外之意是因为房地产开发公司已经取得了整栋楼的初始产权登记，所以要求退回面积差价款是困难的，更别谈双倍退还了。其实，这也是笔者担心的问题，果然法官也在顾虑。无奈之下，笔者和周先生进行了沟通，准备在民事判决书下来之前，立即启动行政诉讼，并向民事案件的审理法官提交了一份中止审理申请书。

（二）对住建委的行政诉讼

鉴于房地产开发公司的违规建设行为已由规划委在行政处罚书中定性为违法建筑，那么，超出规划批准的面积即使缴纳了罚款，其性质仍然为违法建筑。但是，住建委仍然给其核发整个楼的初始产权登记证书。而且，既然增加的面积都属于违法建筑的部分，就不应该列入实测面积范围之内，但是住建委依然按照增加后的面积进行的实测和产权登记，这明显不妥。

同时，住建委核发初始产权登记证书的行为，无形中助长了房地产开发公司的气焰，反而将房地产开发公司违法增加的面积进行了合法化，进而使原本的房地产开发公司因为违法而获利。我们试着想一想，对于业主来说，因为违法增加的面积，还要向开发商缴纳面积差价款，少则10多万，多则30多万，而开发商缴纳的行政罚款相对于这些款项来说简直是微不足道！业主还要多支付专项维修基金和契税，还有往后若干年的物业费、供暖费等多项费用，这对于全体业主来说是非常不公平的一件事情，而对于开发商来说，业主全都为其违法行为进行了买单。可以说，最大的赢家还是房地

产开发公司。

除此以外，房地产开发公司将违法建筑面积定价销售，也是一种扰乱社会经济秩序的行为，应予以制止。

所以，本着维护公平正义、维护法治建设成果、维持社会正常经济秩序的目的，笔者代表周先生提起了对住建委的行政诉讼，请求撤销住建委给房地产开发公司核发的初始产权登记证书。

【和解——放晴】

行政诉讼的立案并不容易，笔者当年立案的时候，我国的行政诉讼法还没有实行立案登记制度，所以法院的立案审查相当严格。

立案后两个月，法院通知我方单方谈话，主要询问我们提起诉讼的原因、利害关系以及目的等。笔者在谈话的时候告知法官，增加的面积是违法行为产生的，这个面积不应该作为合法的实测面积计入产权登记中，而且正是因为有产权登记，从而影响了周先生民事诉讼的处理。法官似乎是明白了，感觉笔者说得有道理，主动说道："你们有什么诉求，可以提出来，我可以组织双方协调一下。"周先生简单说了下自己的诉求，就回去等待下面的开庭通知了。

大概过了一周，民事案件的法官来电话，要求组织调解，给出的方案是维修房屋质量、支付逾期交房的违约金、支付赔偿金、退还面积差价款 20 多万等。最终，双方在法院的主持下，进行了和解。可以说，周先生非常满意！既然有了满意的结果，周先生向法院申请撤回了民事诉讼和行政诉讼的请求。

【办案总结】

（一）买精装房需谨慎

在买房的过程中，购房者常常因工作太忙没时间装修、装修太麻烦等多种原因而选择精装修房屋。事实上，精装修的房子，有的看上去华美精致，内里却质量不过关，入住后往往会出现各种问题。房子出现问题需要修复在增大开支的同时还影响了生活质量，而这种装修问题一般又不好解决，很大程度上都会影响正常居住。

因此，在购买精装房屋时，应格外慎重。

（二）验房收房要仔细

那么对于已经购买精装房的人来说，如何避免掉"坑"里呢？最主要的是在验房收房的时候，我们要仔细查看"隐蔽工程"：一看电线电路、二看水路、三看吊顶、四看材料、五核对建材型号、六查细节，避免"精装修"变"精减"装修。

如果觉得自己没把握，可以叫上几个亲朋好友一起来看，或请专业的人员来帮助验收，尽量把隐患排除于入住前。

最重要的是，在验房收房时，存在的问题也好，协商的解决方式也罢，都应以书面的形式留存，以备发生争议时举证。本案中，周先生就将其房屋存在的大小问题全部罗列在入住验房表中，在诉讼中该表被当作有效的证据使用，这种做法值得肯定。

（三）法律法规要了解

对于精装修房的购买者，除了研究房产类合同条款外，还需要对房屋装修方面的质量、保修、环保等方面的法律法规进行了解，例如《住宅装饰装修工程施工规范》《住宅室内装饰装修管理办法》（现已变更），室内空气质量合格标准可以约定适用《室内空气质量标准》《民用建筑工程室内环境污染控制规范》等。

（四）解决危机选专业人士

何为专业？其实就是专注于一个行业，就是指某个人对某一个方面的技能或者知识进行深入而全面的学习，并掌握了相关的技能且在实际的工作中得以展现出来。每个专业都有其固有的特点与规律，律师行业当然也不例外，而作为房地产领域的律师，尤其更要专业。

俗话说"隔行如隔山"，即使同属律师行业，也因专业领域的不同而有所分工。因此建议每一位读者，当您遭遇房地产纠纷时，请找专业的房地产律师。专业之所以专业，源于其内在规律的不可违背。遵循了，就能够顺利完成专业之事情，不遵循，则可能花了很大的代价、付出了很多心血也未必能够收获自己想收获的。

（五）面积增加要警惕

在房地产开发过程中，有两种情形会导致预售面积与实测面积不符：一种情形是建筑误差；另一种情形是规划和设计变更。所谓建筑误差，是指在商品房的建造过程中因客观上不能预见、不能避免、也不能克服的非人为的建筑施工原因，而产生的相对于规划和图纸的细微偏差。而规划的变更，则需要房地产开发公司依法向有关部门申请，获得批准后方可变更；关于设计的变更，需要征得设计主管部门的同意。同时，房地产开发公司还应该在规划或设计变更后及时告知买受人。

　　本案中的房屋面积增加，明显不属于建筑误差。由于房地产开发公司擅自违反规划设计，房屋面积违法增加，该违法行为不应该由买受人买单。

　　笔者在此提醒各位读者朋友们，如果您也在验房收房过程中遇到房屋面积增加问题，请一定要提高警惕，不要盲目补交面积差价款。您的行为，极有可能是在纵容房地产开发公司违法，更重要的是还会导致自身利益受损。

　　法治社会的建设应该从维护自身权益的每一件事情做起，希望您的每次维权，都能为法治社会建设和法治国家建设添砖加瓦！

法条链接：

真实的谎言
——不可能实现的逾期交房

【竹篮打水一场空】

要说现代人的人生"三件大事"，那就非高考、买房、结婚莫属了。现在的年轻人结婚，有房有车仿佛成了必备条件，他们大概认为这样才能为自己的婚姻保驾护航。孙先生的爱情就是这样的……

孙先生大学毕业后就离开了自己的家乡，来到北京。打拼多年，孙先生慢慢过上了殷实的生活，手中也有了些积蓄，但仍然是孤身一人漂泊在外，有想过结婚，但是一直没有合适的对象。孙先生之前谈过几任女朋友，但最后都不了了之。虽然北京这座城市，大龄剩男剩女很普遍，但孙先生毕竟是三十好几的人了，家里人看着也着急，就一直催婚，逼着孙先生去相亲。孙先生刚开始还挺不情愿，可是眼看着自己都步入中年了还没成家，心里也有点慌了。

中年男人去相亲，看的就是对方的家庭条件、学历、性格、长相，各方面都考虑周全，达到条件的就可以结婚，建立战略合作伙伴关系。孙先生眼光很高，刚开始相亲的几个都没看上。后来终于出现一个符合孙先生条件的，对方各方面条件都很不错，两人约会过几次后，女方就向孙先生提出要结婚，孙先生心想感觉也差不多，那就结吧。

既然要结婚，就要先买房、筹备婚礼等。2011 年左右，北京已经开始限购了，孙先生既没有那么多的钱，也没有北京户口，要想在北京买房不太现实。但眼看着现在的房价是越长越高，孙先生手里预算也是有限的，思来想去，还是就近在河北买一套期房比较合算。之后两人就约好一起去看楼盘，好不容易挑中一个满意的楼盘，打算签《商品房预售合同》，孙先生也是长了个心眼儿，要求开发商在合同中注明《商品房预售许可证》的信息。合同签了，钱付了，就等结婚了，结果孙先生发现女方劈腿出轨了，这打击对于孙先生来说还是很大的。婚是结不成了，房子还没开始建，孙先生心想，这房即使建成了，留在那儿也是丧气，就彻底不想要了……

【与开发商协商未果】

孙先生是铁定心想要退房，可是这合同也签了，房子的钱也付了，哪是说不想要就不要的呀？孙先生刚开始想这房子一直都还没建，要不就直接找开发商谈谈退房的事，这个时候退房双方都没有多大损失，开发商同意退房的可能性还是很大的。

孙先生三番五次找开发商协商，这一来二往，售楼处的人都认识了孙先生，也对孙先生的事略知一二。可是开发商和售楼处好不容易销售出去的房子，哪能说退就退呢？有些人刚开始时还劝孙先生，让孙先生耐心等待，房子是肯定会建起来的，退房的事就不要想了，房子的升值空间还是很大的。可是孙先生哪里肯听，看到房子就想到了前任女友，气不打一处来。到后来，开发商对退房的事一推再推，态度也是一次比一次恶劣，越来越不耐烦，甚至对孙先生避而不见。

在与开发商多次谈判受挫后，孙先生是彻底凉了心，整夜整夜睡不着，辛辛苦苦北漂攒下来的积蓄，为了结婚都拿去买房了，现在倒好，婚也结不了，房也退不了，简直让孙先生郁闷发愁。

【委托律师维权】

孙先生辗转反侧，彻夜难眠。房子在那儿看着就糟心，可是自己又没办法，孙先生最终还是决心拿起法律的武器维护自己的权益。

于是，孙先生后来咨询到笔者这里，向笔者交代了整个事件的经过并提出自己坚决想退房的想法，笔者给出了以下分析：

第一，考虑到孙先生本身的诉求，孙先生并不想继续履行合同，坚决要求退房。但是就目前来说，开发商还没有任何违约行为，这种情况下想要起诉要求退房，基本上很难实现。孙先生也深知这一点，所以甚是苦恼。

第二，在开发商并没有任何违约行为的情况下，我们只能从另一面切入，寻找突破口。孙先生买的是期房，签署的合同也是《商品房预售合同》，那么对于《商品房预售合同》来说，最重要的是出卖人即开发商是否具有预售资质。根据《最高人民法院关于审理商品房买卖合同纠纷案件适用法律若干问题的解释》第2条规定，出卖人未取得《商品房预售许可证》，与买受人订立的商品房预售合同，应当认定无效。

但是根据孙先生提供的信息，当时在签商品房预售合同时，开发商是在预售合同中注明了《商品房预售许可证》信息的。但是，笔者通过当地政府网站确实无法查询到这个预售的具体信息，只有两种可能，要么是政府网站上没有公示，要么就是购房合同上写的预售许可信息是虚假的。

笔者给孙先生提供了一套方案，先不用管开发商合同中关于楼盘信息的描述，我们先自己调查，掌握这个楼盘的相关手续。根据笔者多年专业从事房地产领域诉讼的经验来看，到目前为止遇到的很多楼盘都或多或少存在一些问题，而这些问题就是我们的突破口。在调查结果出来之前，一切都是未知和不确定的。所以，笔者建议孙先生与我们一起努力寻找突破口，但是作为律师不能保证案件会成功。孙先生接受了笔者的方案。

【律师展开调查工作】

接受了孙先生的委托后，笔者开展调查工作，以孙先生的名义向政府各部门申请信息公开，包括但不限于该楼盘的《商品房预售许可证》《建设工程规划许可证》等一共几十项调查的内容，前前后后等待近一个月时间，终于等到了调查的结果。

笔者拿到材料后，经过仔细核对，突然发现调查回来的文件显示孙先生房屋对应的《商品房预售许可证》是幸福家园一期，而开发商《商品房预售合同》中记载的项目名称为福林家园一期，从相关的材料中又无法看出幸福家园一期和福林家园一期有什么关系。有可能，这根本就是两个小区，分别有两个不同的《商品房预售许可证》；也有可能是开发商将小区名称进行过变更，实际上是一个小区。

在这种不确定的情况下，笔者多次联系相关的主管部门进行核实。考虑到孙先生迫切想要退房的心情，以及诉讼成本并不大，笔者给出建议：可以以这个不确定点切入，去查探孙先生购买的房屋是否与《商品房预售许可证》上的幸福家园小区系同一个小区。如果不是，那就代表客户购买的房屋根本没有《商品房预售许可证》，那么根据《最高人民法院关于审理商品房买卖合同纠纷案件适用法律若干问题的解释》之规定，这个预售合同就是无效的，不仅合同无效，开发商还应该承担一倍以内的赔偿。

所以，有的时候，笔者设计诉讼的目的不一定是打赢官司，有时候也是获得更多证据的手段，为了查明案件事实、给对方设置压力或增加自己的谈判筹码等。

【第一次起诉，结果并不出乎意料】

在与孙先生充分沟通调查情况后，孙先生接受了笔者的建议。于是，笔者开始准备起诉工作要求确认双方所签署的商品房预售合同无效，返还房款并支付已付款一倍的赔偿。准备好起诉状及证据材料后，笔者到法院进行了立案。

接到法院传票已经是立案后两个月左右了。在开庭前，笔者准备好开庭方案及答辩状。

在第一次庭审过程中，开发商辩称：涉案房屋在开始立项的时候，立项名称叫作幸福家园，所以后续的用地、规划、施工、预售等手续都是以幸福家园命名的。至于福林家园一期，是开发商前期的宣传名称，在预售合同中写的也是宣传名字，而之所以写福林家园实际上是自己的销售人员填写错了，开发商没有办法，后来就将政府备案的幸福家园的小区名称更名为现在的福林家园。所以，幸福家园和福林家园是一个小区，同一个项目。

笔者明白了开发商所陈述的内容，事实上，在生活中类似开发商的这种情况也非常多，政府批准的项目名称是一个，宣传的时候为了方便宣传、抢噱头就会用另外一个宣传的名字，这就导致了小区立项等名称和预售合同中记载的小区名称并不一致。但是，说归说，法律是讲究证据的，不能空口白牙。

根据笔者的了解，居民区、楼群（含楼、门号码）、建筑物等命名及更名均需要经过相关政府部门的审批，主要负责单位是地名办公室和公安主管部门。根据《地名管理条例》及《地名管理条例实施细则》的规定，居民区、建筑物的命名和更名都需要严格的条件和程序。所以，在本案中，开发商既然主张小区名称进行了更名，就应该有提交相关主管单位核准同意的证据。但是，开发商本次开庭并没有携带相关证据，法官无奈只能再次安排开庭。

经过两次开庭，最终法院认为，双方所签订的预售合同中明确写明了孙先生购买房屋的具体位置，也写明了《商品房预售许可证》的号码，虽然预售合同中的房屋名称和小区立项规划等文件中的名称不同，但开发商已经提供了证据证明系同一小区。因此原告孙先生主张涉案房屋没有《商品房预售许可证》的事实不能成立，双方所签署的预售合同有效，驳回了孙先生的全部诉求。

这场诉讼最终以失败告终，孙先生虽然没有实现最开始的诉求，但是毕竟搞清楚了自己的房屋是否具备合法的销售手续，这也是一个结果。既然开发商有足够的证据，孙先生也就认了，因此没有再提起上诉。

【转折点的出现】

这一纸判决下来，看似好像快要浇灭孙先生迫切退房的需求，但没想到事情出现了转机。

转眼一年多过去了，已经快到合同约定的交房时间。孙先生平时工作挺忙，所以趁着周末空闲时间，想去看看房子建得怎么样了，结果到楼盘那边一打听才知道，他那个楼盘还没开始建设。孙先生有点不太相信，走到跟前才发现那块地还是一个大坑，孙先生心里想着，这还得等到何年何月才能交房啊。

开发商之前是"躲过一劫"，可是最终还是没能按时向孙先生交付房屋，这可被孙先生逮住了"把柄"，孙先生心中暗自窃喜：这下可是你开发商违约了，我要退房！

【再次委托】

于是孙先生又再次委托了笔者。

笔者听了孙先生的描述，再加上之前对这个案子的了解，客观来说，案件本身并不复杂，如何行使权利，首先还是要看双方的合同约定。于是，笔者仔细查看了孙先生和开发商所签署的商品房预售合同，合同中明确写明："若开发商逾期交付房屋，购房人应该向开发商主张违约金，违约金标准为房屋总价的1%。"至于购房人是否解除合同以及如何行使解除权，在双方的合同中并没有特别说明。孙先生也看了这个条款，说小区有一个业主群，他在群里看到有的业主去找了开发商，开发商说可以向业主支付违约金，但是业主不能解除合同。孙先生问笔者，预售合同是否能解除？笔者回复，这个合同条款的约定对你们不是非常有利，合同里面提及在开发商逾期交房的情况下，业主只能要求违约金，言外之意就是不能要求解除合同、退房。孙先生一听，有点着急，说道："这房子都两年了还是个大坑呢，啥时候交房都不能确定呢，为什么不让我们解除合同？"

笔者看到孙先生比较着急，安抚道："我只是给你分析各种可能性，诉讼总是有风险的。但是，整个合同是开发商单方起草，违约金数额又非常低，这样的约定对业主来说不公平，可以从这个角度主张解除合同。"

笔者根据《合同法》第94条第3款和《最高人民法院关于审理商品房买卖合同纠纷案件适用法律若干问题的解释》第15条的规定，"出卖人迟延交付房屋或者买受人迟延支付购房款，经催告后在三个月的合理期限内仍未履行，当事人一方请求解除合同的，应予支持"。建议孙先生向开发商发送催促交房的书面通知。

于是，笔者为孙先生起草好了催促交房的书面通知，要求孙先生签字并存留一份，然后按照开发商的售楼地址和公司注册地址同时分别发送，特别告知孙先生要使用中国邮政 EMS，并且要备注是某某催促交房的书面通知。孙先生发送通知后，笔者建议等待两个月，两个月后要继续催促。

孙先生感觉比较麻烦，询问："为什么要催促这么多次？直接到法院解除合同不就可以了吗？"

笔者回答："需要做取证工作，不能着急。"孙先生不是很理解，但是愿意听从律师的安排。

两个月后，笔者再次起草了一份催促交房的书面通知，要求孙先生按照之前的方式再次邮寄，并且告知孙先生要保存好所有的邮件发送底单和对方在邮局的签收底单。

【第二次起诉，因为懒惰变得被动】

孙先生发送两次催促交房的书面通知后，半年时间就过去了，笔者在一切准备工作就绪后，要求孙先生准备好所有的证据原件。于是，笔者将开发商起诉至法院：请求法院判令解除双方签署的商品房预售合同，并判令开发商返还孙先生已付购房款及同期人民银行贷款利息。

开发商在庭审过程中辩称：第一，开发商逾期交房的情况属实，公司也已经责令施工单位加快速度，尽快交付房屋，愿意支付逾期交房的违约金，但是开发商不同意解除合同，开发商认为购房人只能主张违约金，无权解除合同。第二，开发商在庭审过程中坚持认为并没有收到孙先生两次邮寄的催促交房的通知，邮寄的内容不能证明就是催促交房的文件，而且邮单查询记录也只是电脑打印的查询记录，并不是邮寄底单中的签收记录，开发商认为孙先生提交的证据不符合证据形式要求，该证据不应该被法院采信。

笔者认为：第一，开发商逾期交房，已经给孙先生带来了巨大的损失，本来想现在可以入住了，结果房子到现在仍未施工？开发商已经构成了根本违约。第二，开发商提供的《商品房预售合同》，条款是开发商单方起草的，而且条款内容排斥了购房人的主要权利，应该属于格式条款，该条款无效，不能因此排除孙先生解除合同的权利。第三，催促交房的书面通知签收底单这个问题不值得纠结，因为笔者早已经让孙先生去邮局查询取证，庭审中笔者要求孙先生拿出来邮局的底单，但孙先生说因为有签收记录的打印截图，就没有去邮局调取。听到这里，笔者感觉当头一棒，经过不断的沟通，法官表示开庭后7日内提交邮局盖章的签收底单。

开庭后，笔者连忙询问孙先生，为什么没有按照律师的要求准备证据，孙先生感觉自己很是无辜，认为这个事情明显是开发商抵赖，法院不会支持开发商的意见。笔者建议孙先生立刻、马上联系邮局，查询签收底单，但是被邮局告知，所有底单只保留6个月，现在因为过期了，所以无法调取底单。在双方没有约定解除权的情况下，购房人有催促义务，所以催促交房的举证责任至关重要。笔者很严肃地告诉孙先生，这个小问题，可能是影响案件审理的关键！

最终，因孙先生不能证明自己按照法律规定的要求催促开发商履行交房义务，且合同中对于开发商逾期交房的约定是购房人要求支付违约金，所以购房人没有权利解除合同。故而驳回了孙先生全部的诉讼请求。

这个结果有些出乎意料，也印证了笔者的担心。拿到判决后，笔者和法官进行了沟通，询问法官，从签署合同到现在房屋还没有开始建设，何时交付房屋更是不能确定，在这种情况下，不允许业主解除合同有悖购房人合法权益的维护。法官表示，理解孙先生的处境，抛开合同不说，若是所有业主都诉讼解除合同，势必会导致开发商破产，更容易导致社会的不稳定，判决需要考虑社会效果。

孙先生提起了上诉，但最终二审法院仍然维持了原判，驳回了孙先生的上诉请求。孙先生对法院的判决仍然很是不服，以至于之后还提起了再审申请，但仍未能得到法院的支持。

【最后的救济，发律师函】

经过了漫长的努力，最终这个案子还是败诉了。但开发商逾期交房已经是事实，故笔者建议孙先生选择向开发商索要违约金以填补损失。

基于之前的教训，笔者起草《要求支付逾期交付违约金的律师函》，要求开发商支付违约金，并且赔偿自己全部的损失。开发商依然无视购房人的诉求，拒绝支付。无奈之下，我们再次准备起诉，递交了诉讼材料后，还是之前案件的法官审理此案，经过笔者和法官充分的沟通，法官给开发商做了许久的工作，终于达成了和解。

最后，孙先生得到了一笔还算满意的赔偿金。

【律师最无奈的总结】

作为律师，代理的案子越多，积累的经验也会越多。同一类型的案子，既有共性、普遍性，又有个性、特殊性，有相同点，但更多的是不同点。所以律师在办案过程中，要根据案件本身的实际情况，再结合客户自身的诉求等设计诉讼方案。不管案件本身简单还是复杂，也不管客户诉求是什么，律师首先要做的就是给客户提供适合的方案和建议，将可能产生的风险告知客户，最终由客户根据自身的情况去衡量和决定采纳哪种方案和建议。

所以，律师永远不能向客户承诺案件的结果。每一个案子都会存在或多或少的风险，律师并不能回避所有的风险，但是可以利用自身的专业知识帮助当事人最大限度的规避潜在的风险，帮助当事人争取利益的最大化。

法条链接：

城市中的"水帘洞"

——水满为患的独栋别墅

【藏在别墅区的"水帘洞"】

2012 年的一个寒冷冬日，这天下着雪。北京城被皑皑白雪覆盖，顺义区的雪下得尤其紧密。说到顺义，不得不提到著名的帝国花园小区，这是一个高档的别墅住宅小区。如果您到了这里，小区大门醒目的一排红色大字会映入您的眼帘：帝国花园欢迎您回家。走进去与平日喧嚣拥挤的北京城大相径庭，这里静谧又宽敞。突然，128 号楼里传来了几个人的争吵声，瞬间像是在平静的海面投进一颗炸弹。这个故事已经拉开了序幕。

128 号楼目前没有人居住，争吵声是从地下二层传出来的，一位姓方的先生黑着脸站在楼梯上，左手扶着通向地下一层的扶手，在他的右脚边乖乖地躺着七八个抽完了的烟蒂，每个都已经被人踩扁。显然这些烟是方先生抽的。方先生生气地和站在楼梯下面的两个维修工喊道："你看看你们修的东西，为什么修完了还是漏水，就说你们房子质量不行，你们也别给我修了，赶快叫你们开发商经理过来，咱们解除合同，你们赶快给我退钱！要不然咱们也别废话了，直接法庭上见吧！"说完骂骂咧咧地摔门走了。原来，2007 年 12 月 7 日，方先生和顺义帝国花园小区的开发商签了《商品房买卖合同》，约定购买 128 号楼精装修的房子作为住宅居住，谁知道这栋外表看起来富丽堂皇的别墅，内部其实是个水帘洞。2009 年 5 月，当方先生一家刚住进去的时候，屋里滴滴答答的漏水声仿佛在给方先生烦躁的心情伴奏。方先生原想可能也没什么大碍，能修好就接着住，可谁知修了四五次还是没修好。同年9月份漏水情况更加严重，无奈之下方先生一家只能先搬出去，开始大修。2010年2月份，开发商又一次通知方先生房屋已经修好，可以回来住了。满心欢喜的方先生一家以为这次一定没问题了，提着大包小包回新家过年。但是好景不长，刚住了3个月，房子又开始漏水，橱柜也开始发霉，衣物潮湿损坏……2012年底方先生一家不堪折磨，再一次搬出了家门，让开发商彻底修理房屋。但是直到来委托律师的这天，方先生也没能等到开发商把房子修好，这期间方先生一家老小只能先在外面租房子居住。提到这里方先生就气不打一处来，决心一定要开发商给个说法，这样的房子说什么也不能要了，于是方先生找到了笔者。

【固定证据、争取谈判筹码】

这个案子的法律关系比较简单，是商品房买卖合同纠纷，因为房子漏水已经无法居住。听了方先生的讲述之后，笔者做了如下分析：第一，房屋经过几次修复仍然漏水无法居住，建议方先生可以主张解除合同，要求返还购房款及赔偿全部损失。第二，基于方先生的口述，我们要尽快去取证据，先把损失固定下来，争取和开发商的谈判筹码。第三，在取证的同时去政府部门调查开发商相关验收备案的详细情况，看是否符合房屋交付条件。

在接受当事人的委托之后，笔者和同事首先分别向住建委、规资委、民防局、公安局等政府部门申请公开该房产项目的一系列手续。随后笔者和同事冒着大雪赶到了小区现场查看，与此同时等待信息公开的结果。方先生的房屋损坏十分严重，当时笔者分楼层整理罗列出以下问题：

首先，地下室的损坏情况最为严重：由于一层水管漏水，导致地下室整个楼梯、墙面发霉达1.2米，楼顶也有发霉痕迹。地下室一层的储物壁橱，在2009年9月份因为漏水换过一次，但是因为一层的漏水原因，虽经过6次修理，仍没有修好，最终导致壁橱内的物品发霉损坏，壁橱拆除。地下室的娱乐室外层防水也有问题，楼顶返潮，导致楼上的门窗都返潮。此外地下室的自流平修了好几次，第一次是铺设瓷砖，但是地砖挖开 1 厘米，下面依然全是积水。最可笑的是开发商在洗衣房地下打了一个 50 厘米的洞，里面也全部都是积水。

从地下室往上走，一层的损坏情况：由于漏水，涉案房屋所有的壁橱全部拆除，至今未安装；一层的壁橱原来是钢结构的，不是实体墙，但是后来因为漏水导致瓷砖经常脱落，开发商又改成了实体墙，可是墙面还是水泥墙，一直以来也都没有贴瓷砖。二层的损坏情况：二层的室外正对着一层挑廊的地方，开发商在 2011 年做了 4 次防水但还是漏水，更衣室的壁橱也全部拆除了，婴儿房的窗户下面也反水，堆满水泥。

这些损坏的情况我们采取了拍照、录像的方式取证，并且在查看之前我们买了一份当日的报纸作为取证的时间证明。一般情况下，出现了这些损失之后，笔者会建议有条件的客户申请鉴定机构进行鉴定，虽然法院有可能会考虑到鉴定机构是当事人自己选择的从而不认可鉴定意见的客观性，但鉴定结果还是会给法官一个先入为主的印象。庭审中，可以再向法院申请委托司法鉴定机构进行鉴定。所以，有条件的客户，笔者建议还是最好用鉴定的方式固定自己的损失。

固定了房屋损坏的证据之后，笔者接到了相关部门的信息公开调查结果，结果显示开发商符合交房条件，大体上没有什么问题。同月 8 日，笔者与开发商启动了谈判程序。

笔者先是向开发商发了一份书面的律师函，同时为了证明房屋价格飞速上涨，方先生无法再以同样的价格购买同等位置同样户型的房屋，从而导致自己损失巨大，笔者又查询了涉案房屋的网上挂牌价格为每平方米 32 000 元，并向北京市住房和城乡建设委员会邮寄了涉案房屋所在小区的房屋价格信息公开申请。

这个案子从笔者接受委托开始和开发商谈了数十次，可以说是每一次都非常艰难，遗憾的是最终还是协商失败。由于开发商态度恶劣，在这个过程中笔者几次都想建议方先生直接起诉，但是笔者知道每一次的协商谈判都像是一场战役，我们必须抓住时机，说不定会带来意想不到的效果。

给笔者印象最深的是 2012 年 11 月 22 日这场谈判。这天上午我和同事以及方先生一行四人来到开发商的办公室找到了负责人，共同协商损失赔偿的金额问题。几个回合双方争执不下，争议主要集中在房屋差价补偿这一项，开发商不同意我们出的方案，即按照现在的市场价格赔偿以及额外 200 万损失的赔偿。谈判当天是个雾霾笼罩的日子，开发商态度十分强硬，其工作人员对方先生很不耐烦，言语上不乏谩骂之词，多次表示不再和解。对于这样的开发商笔者也见过很多，不想承担责任，反而倒打一耙，说到赔钱就说公司有着严格的流程和制度。笔者当时暗暗地想，看来开发商是死磕到底了，那就让法院来裁判吧！

【设计诉讼请求，申请法院查看现场】

当晚，笔者和几个同事加班整理出了方先生一家房屋漏水情况的汇总说明。关于诉讼请求的设计，这个案子我们首先主张解除合同，因为房屋漏水严重已经达到不能入住的程度，接下来就是计算违约金以及各项损失。损失统计是一个细致烦琐的工作，这需要全面思考问题，不能漏掉任何一项，哪怕是微小的损失。笔者仔细回忆和梳理了去方先生家里现场查看的情形，一共总结归纳出了解除合同、返还购房款及赔偿租金、物业费损失等 10 项诉讼请求。接下来我们又一次去方先生家里调查取证，拍摄了方先生家里的漏水实景情况，并且采取录像的方式让方先生帮我们介绍了一下家里的房屋结构设置。这些影像资料能让法官很直观地感受到房屋质量问题给方先生所带来的影响，这也是我们在代理这类案件中必须要准备的材料之一。

2013 年 1 月 13 日，方先生的案子在顺义区人民法院一审开庭。当时为了阐释房屋的漏水情形，我们申请法官到现场查看。笔者清晰地记得当初的承办法官和书记员还有我们几位律师和方先生一起到帝国花园小区查看现场。笔者和同事们一起开车来到顺义帝国花园小区，正巧和来现场查看的法官在同一时间到达。法官一下车就说："这个小区不错呀，春天环境肯定更好吧。"我们一行人脚步加快起来，直奔 128 号楼。来到现场的法官也被眼前的景象震惊。刚进一层的房间门，就可以看到所有的壁橱都是空着的，墙面一个个的空槽裸露在外，墙面还是水泥的，没有贴瓷砖，地面非常潮湿，往下走到地下室一层，一股扑面而来的发霉气味，让法官和书记员迅速地捂住了口鼻，法官皱着眉头依然在仔细查看。地下一层的壁橱虽然已经拆除，但是壁橱里的物品发霉损坏的味道依然停留在那里。走到这里，法官询问方先生："当初验房的时候房子是什么情况，那时候没有发现什么异常吗？"其实，在 2008 年 12 月 27 日，方先生一家第一次验房的时候就发现了地下室有十多厘米的积水，但是开发商解释说是洗衣机试水导致的漏水。现在想想这个回答只是随意地敷衍，也许开发商自己也不知道漏水点到底在哪里。"开发商修理这么多次，怎么还是这样呢？"法官不解地问方先生，方先生苦笑道："法官，您有所不知，我们来来回回搬过两次家了，每次都以为这次开发商肯定修好了，但是结果呢，开发商是不是逗我们玩呢，以为我们好糊弄，是不是把人都当傻子啊。"说到这里方先生更加激动，但是最后也只能叹叹气。

【一审判决给我们泼了盆冷水】

这次的现场查看持续了四个多小时。下午庭审的时候，我们双方的争议焦点主要有两个：第一，双方签署的《商品房买卖合同》是否具备解除条件。第二，开发商就房屋质量问题是否应当赔偿方先生的全部损失，尤其是对损失范围的界定。

庭审双方争辩得非常激烈，开发商代理律师认为：房屋虽然存在严重的质量问题，但开发商一直在进行维修，尤其是购房合同中明确约定了若房屋质量存在问题，购房人不能因此提出解除合同，开发商应承担维修义务并赔偿损失。而损失的赔偿，只能是给方先生造成的直接损失，比如房屋租金损失、物业费损失、搬家费损失，至于方先生主张的房屋市场差价的损失、房屋逾期交房的违约金等不应该予以支持。

开庭过后，法官针对我们的焦点问题作出了如下判决：

（1）开发商在判决生效的 7 日内赔偿方先生房屋租金损失、物业服务费损失、搬家费共计 1 005 703 元。

（2）驳回了方先生的其他诉讼请求。

这个结果让笔者非常意外，仿佛顿时给笔者浇了一盆冷水。对于法官判决不能解除合同，笔者保留和法官不一样的看法，当时就已经决定这个案子必须要上诉。一审法官是依据《最高人民法院关于审理商品房买卖合同纠纷案件适用法律若干问题的解释》第 13 条的规定："交付使用的房屋存在质量问题，在保修期内，出卖人应当承担修复责任，出卖人拒绝修复或者委托他人修复，修复费用及修复期间造成的其他损失由出卖人承担。"法官认为，因为这个房子已经交付，所以相关的质量问题，开发商理应承担保修义务，加之《商品房买卖合同》中明确约定购房人放弃解除权的行使，所以不支持方先生解除合同的诉求。但是笔者认为，对于方先生一家的情况应适用《最高人民法院关于审理商品房买卖合同纠纷案件适用法律若干问题的解释》第 13 条第 1 项规定，"因房屋质量问题严重影响正常居住使用，买受人请求解除合同和赔偿损失的，应予支持"。然而，我们的观点并没有得到一审法院的支持。

【冬去春来，春暖花开】

笔者迅速提起了二审，在二审开庭之前，笔者要求方先生的父母以及妻子都要出庭，而且希望家人在庭审中都能予以表态，既然开发商给方先生家里造成了巨大的损失，就应该通过某种方式在庭审中展示出来。

二审终于开庭了，庭审中先是笔者给法官展示了房屋质量问题的影视资料，充分论述了合同解除的法律依据和事实依据，同时强调了房屋质量问题对方先生整个家庭造成的影响，有些影响是可以用金钱来衡量的，而有些影响用金钱则无法衡量，比如孩子无法在这个房子附近上学，比如老人无法住上心仪的房子，比如方先生的妻子被房屋的质量问题折腾得心力交瘁等。在庭审最后的时候，笔者要求法院给方先生的妻子一个发言的机会，方先生的妻子以购房人、母亲、妻子、儿媳的多重身份阐述了房屋带给他们家庭的痛苦，以至于无法控制自己的情绪，痛哭流涕。

最终，二审法院依法改判，判决开发商解除《商品房买卖合同》、退还购房款，同时还支持了方先生几百万的损失。收到判决书的那天刚好是个晴天，早上笔者因为接待客户早早来办公室看卷、准备，快递小哥把文件袋放到笔者手上的时候，说实话笔者的心跳得特别快，心情很紧张、也很复杂。撕开文件袋，翻到最后一页，当笔者看到最终数字的时候终于松了一口气。笔者赶快把好消息告诉了方先生一家。就这样，经历了漫长的一审、二审程序，历时近四年，笔者终于帮助当事人主张了最大的权益。

【办案总结】

每一个案子都把它总结下来，笔者相信这不仅仅对自己业务能力有所提高，更是身处复杂多变的外界对自我的一种反思。

再次回想这个案子，笔者不禁感叹无论多么豪华的楼盘，多么精美的设计与装修都需要房屋的质量作为依托，否则就如同海市蜃楼。而房屋质量的背后又是什么呢？可能很多业主没有专业律师的指导，加之没有良好的证据意识，都只能是哑巴吃黄连。关于房屋质量问题与相关的解决思路，笔者也做了一些总结，希望能对读者有所帮助。

常见的房屋质量问题有如下几类：一是地基基础和主体结构有质量问题，一旦是这方面有问题，合同必须得解除，因为这对于购房人居住而言存在重大安全隐患。二是防水工程有质量问题，比如外墙面渗水漏水，地下室渗水漏水，卫生间渗水漏水等，本案就是典型的例子；在生活中，因为漏水渗水问题导致的纠纷也非常多，而且往往不好解决，给购房人带来的损失也是巨大的。三是隐蔽工程存在质量问题，比如电线线路有问题、水管有问题等，这也是我们很难通过肉眼看到的问题。四是装修存在问题，现在有很多开发商出售的都是精装修的房子，而精装修的标准不一，质量有可能不过关；而房屋的建设主管部门对建设工程的质量把控主要体现在毛坯房的建设上，精装修根本不属于政府审核和检查的范围，所以近些年因为精装修质量问题发生的纠纷不胜枚举。五是房屋存在的其他问题。

出现这些问题的主要原因总结有两点：一是工程设计不合理；二是施工出现问题，比如施工方偷工减料或者使用不合格的原料、施工方任意改变工程设计图纸、擅自变动房屋建筑主体和承重结构、施工单位缺乏资质导致施工不合格等。

那么，出现这些质量问题，购房人如何解决呢？

（1）如果在收房时就发现房屋主体结构质量不合格，或者认为房屋主体质量不合格，经专业机构检验确实不合格的，购房人有权拒绝收房，并可以要求开发商解除合同及赔偿损失。

（2）若是已经入住，后期房屋存在严重的质量问题，那么首先要判断这个质量问题的发生是否在保修范围之内。在保修期内出现问题，开发商负责维修及赔偿。如果超过了保修期，出现了质量问题一般由所有权人或者使用权人自行维修。除非房屋出现质量问题是由于房屋设计或结构或规划本身不合理、不合法，那么即便超出了保修期的范围，开发商也是要承担维修和赔偿责任的。因为质量的源头在于开发商，并非房屋的自然损耗。

（3）如果发现房子出现质量问题应该在第一时间内固定证据，可以采取拍照、录像的方式。固定证据尤为重要，在法庭上主张的任何一项权利都需要证据的支持。俗话说，打官司，打的就是证据。一般来说，房屋出现质量问题，应该找专门的鉴定机构对房屋出现质量问题的原因以及何种质量问题进行鉴定，权威机构的结论就是法院审理和判决的依据。实践中，很多购房人都因为房屋质量问题而拒绝缴纳物业服务费，但事实上，房屋室内专有部分的质量问题并不是物业公司服务的范围，也不是物业公司的服务职责，所以以此为由拒绝缴纳物业服务费不会得到法律的认可。

（4）关于房屋质量纠纷，诉讼时间较长，鉴定事项专业，鉴定费用较高，鉴定中所涉及问题也比较多的，一般购房人支付不起费用，耗费不起时间，不懂得如何挖掘问题，一旦处理不好将会事倍功半。一般质量纠纷中鉴定涉及三个方面，第一个方面是关于房屋质量原因的鉴定，即房屋出现质量问题的原因是什么，需要鉴定公司给出专业意见，以便明确责任主体。第二个方面是质量问题的维修方案鉴定，即这些质量问题如何维修、方案是什么，需要鉴定公司给出专业意见，以便明确购房人的损失范围。第三个方面是因为质量问题需要赔偿购房人的损失是多少，即评估鉴定损失的数额。就是因为需要进行三个方面的鉴定，导致了质量纠纷耗费时间特别漫长。

法条连接：

消失的楼阁

——不可轻易相信的口头承诺

【多了钱，少了地，改了名】

2012 年 5 月份，徐女士和丈夫以女儿的名义买了一套位于北京市房山区的房子。徐女士和丈夫经过慎重考虑，选择了一个有名的房地产开发公司，相信质量会有所保证，并签署了合同。

"王律师，开发商骗我，说买房子赠送地下室和庭院，房屋层高2.83 米以上是赠予的，归我使用，说是平顶的，结果是斜顶。"

"而且我还发现，他们连项目名称都换了，原来叫'天鹅湖'小区，宣传也是这么宣传的，冲着这么好听的名字我才去看的房，结果签合同的时候居然变成了什么悦什么园，听着档次都降低了很多，心理上都接受不了。"

"那房屋价格呢？付款方式呢？"笔者问道。

"我们全款付的，因为开发商承诺送我们很多面积，我们房子一平方米比别人贵了一万多，我们一平的钱买了别人两平方米的房子，现在却不是这样，您说哪有这么坑人的"，说到这里，徐女士声音明显大了许多，情绪也非常激动。

听到这里笔者大体明白了，应该是开发商虚假宣传，承诺赠予徐女士地下室、庭院及楼上高层更多的使用面积，但是目前无法兑现。徐女士的女儿一边安慰着妈妈，一边问笔者应该怎么办。

笔者看了下合同，开发商已经取得了《国有土地使用权证》《建设用地规划许可证》《建设工程规划许可证》《建筑工程施工许可证》《商品房预售许可证》。房屋的建筑层数为 10 层，其中地上 9

层，地下 1 层，住宅层高为 2.83 米，准确地说顶层和 8 层、9 层是 LOFT 的设计。开发商应在 2011 年底向徐女士交付房屋，同时也约定了交付房屋应该具备的条件，而徐女士来咨询的时候已经超过收房的日期半年有余。开发商已经多次通知徐女士和她的女儿进行收房，但徐女士认为开发商欺诈销售，和当初的宣传严重不符，所以迟迟未进行收房。按照合同约定，若是徐女士证明不了开发商虚假宣传欺诈销售的话，徐女士还有可能要承担逾期收房的违约责任。

【退房难度大，录音难证明】

"现在房子还能退么，这买卖太亏心了，告诉我们顶层是我们的，但是现在顶层却封住了，还告诉我们不收房不能看赠送的空间，明摆着欺负人啊，真的是不想要了。"

对于退房的条件，笔者耐心地和徐女士母女解释了一下，如果开发商按时交房，在合同中对于承诺事项又没有明确约定，且具备了《商品房预售许可证》、竣工验收备案等合法手续，特别是在并未达到影响实际居住条件的情况下，实现退房的诉求是比较困难的。

"他们这么坑人，就算不能退房，开发商虚假宣传也不能便宜了他们，要么换一间要么就赔偿我们价款，我有录音，能证明他们当初是怎么和我保证的。"

笔者作为律师，从经验和专业角度分析，深知录音虽然可以作为证据提供，但除非对案件事实有着重大的影响，否则证明力上与其他证据相比还是略显薄弱。而且通话录音的对方是否是其房地产开发公司的正规销售人员仍是一个需要求证的问题，因此，录音的真实性也尚待考量。最难的问题还是合同里并没有关于对上层使用空间的约定，从合同有效成立的角度来说，徐女士母女二人的诉求是否能实现还是未知数。

安慰了一番徐女士，笔者告诉徐女士就目前徐女士所提供的证据来看，直接提起民事诉讼解除合同以及要求赔偿，难上加难！要想维权，还需要律师更加细致的调查，届时律师会根据调查结果来选择具体的维权路径。

最终，笔者建议徐女士，可以先从小区项目的调查工作开始，针对房屋销售手续、规划手续、竣工验收手续、消防手续等进行全面的调查，分析开发商是否存在违规行为进而确定诉讼策略。

【委托律师维权，火速开展调查】

送走徐女士母女后，笔者就开始对整个案件进行事实梳理、证据分析和小区项目的合法性调查，同时就房屋现状进行了拍照、录像等证据留存。

对于商品房维权案件，笔者并不陌生。因为虚假宣传而导致的纠纷更是数不胜数，开发商销售人员舌灿莲花般的轮番洗脑，加上宣传图上的各种美化设计，特别是对于知名的房地产开发公司的吹嘘夸大，购房者稍不留神就会盲目签订合同。徐女士所购买的房屋是典型的虚假宣传案件，综合以前的经验看来，就如何论证开发商存在的虚假宣传行为，尚且需要一系列的讨论和研究工作。

通过现有证据，笔者作为承办律师，以客户诉求为目标，结合现有证据制作了诉讼策略，希望运用《最高人民法院关于审理商品房买卖合同纠纷案件适用法律若干问题的解释》的规定，要求解除《商品房买卖合同》。

为了验证这样的诉讼策略是否可行，支持的概率有多大，笔者分别邀请了律师团队几位有经验的房产律师共同组织了一场模拟法庭，希望通过模拟的现场，以及同行专业律师的经验，共同感受案件诉讼策略的选择以及对案件的结果进行风险评估。为了能让客户有更好的体验，笔者也邀请了徐女士一家人共同参与。

【模拟法庭，困难重重】

在模拟法庭过程中，模拟庭审主要集中在以下两个问题：一个问题是开发商是否存在赠送面积的承诺，有何证据证明；另一个问题是开发商交付的房屋是否符合交付条件。

就第一个焦点问题，笔者提供了四份证据：第一份，北京市住建委官网对于此小区项目进行备案的销售人员信息，用以证明原告的销售人员是开发商在政府备案的人员，销售人员的承诺属于职务行为，开发商应该承担法律责任。第二份，徐女士与销售人员的录音，用来证明开发商的销售人员在出售房屋的时候明确告知徐女士2.83米以上的部分是赠送的阁楼部分。第三份，开发商为销售房屋所提供的宣传册等文件，证明在销售房屋实际层高为4.88米，2.83米以上的部分作为阁楼赠送给业主，房顶是平顶。因为开发商的宣传对徐女士购买案涉房屋以及接受房屋的价格有重大影响，该宣传内容应该作为合同的组成部分，对开发商构成约束。第四份，同小区同等户型的其他业主的《商品房买卖合同》，用以证明徐女士的房屋价格之所以比同户型其他业主的总价高，就是因为开发商有赠送阁楼，所以总价高。

就第二个焦点问题，笔者提供了涉案房屋的现场照片和录像，用以证明房屋根本没有阁楼，顶层是斜坡屋顶，从而导致使用价值大打折扣，存在严重的违约行为。

而模拟庭审的被告律师提出，双方签订的合同中并未对赠予面积（即阁楼）进行约定，对于房屋斜顶和平顶也未进行约定，被告并不存在违约行为。而对于房屋总价上，现在政府施行"一房一价"，其他人签订的《商品房买卖合同》和徐女士的合同总价没有可比性，也不能由此证明徐女士支付的总价款中包含了赠送的面积。同时，被告赠送给了徐女士地下室及庭院，单价高也是正常，徐女士所支付的价款仅仅是合同约定的房屋面积，并不包括赠予空间的价款。

模拟结束后，整个律师团队进行了一次复盘，笔者发现，就模拟法庭的效果而言，如果从虚假宣传的角度来主张退还购房款及违约金的要求，特别是在合同没有约定、对入住本身无重大影响的情况下，仅仅从宣传资料和录音的证明力来看，似乎仍存在不稳定的因素，很有可能会被法官驳回诉讼请求，进而无法达到解除合同的目的，更是白白便宜了开发商。

【峰回路转，柳暗花明】

正当案件一筹莫展之际，笔者收到了来自政府相关部门调查回复的文件，细看之下，笔者豁然开朗，心中阴霾被一扫而光。

回复的文件中，有一份《建设工程规划许可证》及附图附件。这个文件是什么用途呢？就是开发商把整个小区要建设多少栋楼、每栋楼多少层、具体的方位、具体的面积、具体的层高以及小区的配套等向政府相关部门申请审批，获得审批许可后，开发商就必须严格按照这个要求进行建设，不得随意进行更改。通过这个文件的仔细查看，笔者发现，案涉房屋所在的住宅楼，建筑层数为地上 9 层，地下 1 层，地下 1 层层高为 1.89 米，而经过笔者前期取证发现，地下 1 层的实际层高为 3.05 米，与规划层高相差达 1.16 米，这说明开发商建设行为，明显不符合《建设工程规划许可证》的规划要求，严重违法。

根据《北京市建设工程规划监督若干规定》规定，规划主管部门要对开发商实际建设的情况和《建设工程规划许可证》的内容是否一致进行核对，核对一致的，规划主管部门应该核发合格的规划核验意见，若是核对不一致的，规划主管部门不应为开发商核发规划核验意见，且不能为开发商办理竣工验收备案的相关手续。

然后，通过我们的调查却发现开发商已经取得了规划核验合格的证明，也通过了竣工验收。这意味着什么呢？意味着，开发商明显违法，但是本案中的相关规划主管部门和建设主管部门没有严格地依法履行自己的职责。那么，律师诉讼的方向明确了，提起行政诉讼是必须要做的事情。

发现了如此大的漏洞，笔者连夜起草了行政起诉状，整理好证据材料，以本案中所涉及的相关规划主管部门和建设主管部门为被告，将开发商列为第三人，向法院提起了诉讼。

【一审败诉，多管齐下】

一波刚平一波又起，维权的路途也并非一帆风顺，特别是面对着知名的开发商，个中关系也是纷繁复杂。在笔者提起诉讼后，对方也做出答辩，认为其做出的具体行政行为程序合法及适用法律、法规正确，并不存在违规行为。一审中，法院并没有对我方的证据进行认定，故而驳回了我方的诉讼请求。

接到判决书时，笔者并没有感觉到意外，经过与徐女士的一番沟通，迅速整理了上诉的思路，并立刻将上诉状拟好，此时，窗外夜已深，偌大的国贸桥上早已经没了白天上下班时的热闹。站在窗前，笔者陷入深思，虽然起诉规划许可是一个有力的方向，但是面对有实力的开发公司力度还是有一些不够。想到这里，笔者打开了电脑，起草了一份开发商违反规划及违法获得竣工验收手续的查处申请书，准备提交给上级的政府部门。

二审在一个半月后开庭，笔者就一审未审理清楚的问题再次向法庭进行了系统详细地陈述，明确表示，一审法院视案件证据于无物，枉顾所存在的客观事实，事实审查不清，适用法律错误，甚至刻意规避了被告的举证责任，而被告于二审中依然坚持了一审的答辩意见。

【黎明前的黑暗】

二审开庭并没有持续很长时间，庭审过后，笔者又将代理意见多次提交法官，但就经验来看，二审法院仍有很大可能会维持原判。考虑至此，笔者采取了查处的路径，当天便将多份查处申请书邮寄给多个政府部门，既是为了启动下一次的诉讼做准备工作，也是为了给开发商更多的压力。

漫长的等待就如同黎明前的黑暗，在查处申请寄出后半个月左右，笔者接到了徐女士的电话，意思是开发商想要进行和解。随即，与开发商约定好时间后，笔者便陪同徐女士母女与开发商进行了谈判，最终徐女士获得了赔偿，这对于徐女士本身的损失来看，已经是一个极好的结果了。

几天后，徐女士也接到了法院的二审判决，虽然二审判决维持了一审的裁判结果，但是对于已经获得赔偿的徐女士而言，已经无关紧要。毕竟，本案中行政调查和行政诉讼只是作为手段以帮助徐女士获取谈判的筹码，并非以胜诉为目的。退一步讲，即便是二审胜诉，如果开发商不愿意进行谈判，那么再多的诉讼和调查也将无法实现当事人的诉求，判决仅仅是一张白纸并无实质意义。至此，随着案件的尘埃落定，笔者也有很多感触和想法。

【花言巧语不可信，舌灿莲花须谨慎】

虽然房产纠纷中欺诈行为显而易见，但是在民事诉讼中，败诉的情况比比皆是，到相关部门投诉通常也无法得到令人满意的结果，原因有三个方面：一是开发商往往在合同中都明确约定宣传广告不属于要约，口头的承诺对开发商没有约束力；二是针对房产欺诈的认定在国家法律规定层面上也并不完善，缺乏扎实的法律基础，虽然《最高人民法院发布了关于审理商品房买卖合同纠纷案件适用法律若干问题的解释》针对开发商口头承诺可以作为合同组成部分进行了规定，但是在实践中认定起来非常困难；三是政府部门在履行职责方面多数是在保护开发商，开发企业很少受到过严重的行政处罚。仔细想来，笔者觉得针对开发商虚假宣传的行为至少要从以下几个方面做出防范：

（一）口头承诺必须要在合同中明确约定

在涉及虚假宣传的商品房买卖纠纷中，购房人与开发商的地位实际上是不对等的，关键的原因在于双方签订的《商品房预售合同》或《商品房买卖合同》都是开发商提前草拟好的，作为开发企业也有自己的律师团队，多数开发商已经把自己应该承担的所有风险、所有问题在合同中进行了规避。而购房人原本就处于相对比较弱势的地位，即使察觉到合同有问题，开发商也不会同意进行任何更改，这就大大增加了购房人的风险。因此，宣传资料和实际合同约定要分别看待，对于特别关注的部分一定要在合同中明确约定，不能随便相信开发商的口头承诺，必要时可以提前请律师进行陪购，以免落入合同的陷阱。

（二）违约责任一定要约定得清楚明确，笼统的违约责任毫无意义

就法律规定而言，虽然对虚假宣传有相应的规定，如《房地产广告发布规定》第21条："违反本规定发布广告，《广告法》及其他法律法规有规定的，依照有关法律法规规定予以处罚。法律法规没有规定的，对负有责任的广告主、广告经营者、广告发布者，处以违法所得三倍以下但不超过三万元的罚款；没有违法所得的，处以一万元以下的罚款。"但是，这个处罚的力度相比较于开发商获得的利益而言，实在是微乎其微，即便开发商受到了处罚，也无非几万元的罚款，但是开发商却因此而获益几个亿也不足为奇。所以，在合同约定中，务必对于开发商违约后的法律责任约定得非常具体明确以及具有可操作性。

也许有人会问，购房者也是消费者，能不能适用《消费者权益保护法》呢？这样的话，开发商一旦存在欺诈行为，就可以主张几倍的赔偿。在中国，目前司法实践还有待统一，大部分地区房屋买卖纠纷是不能适用《消费者权益保护法》的；但是在上海市、浙江省的部分地区处理房屋买卖纠纷就可以适用《消费者权益保护法》。所以，是否适用《消费者权益保护法》要看各个地方的法律规定。

（三）购房人要了解开发商惯用的宣传手段

（1）对配套设施的极力渲染，对此一定要通过小区的《建设工程规划许可证》及附图附件、小区平面图等材料仔细查看，有没有一看便知，如果图中没有，那么将来也基本实现不了。

（2）学区房营销，对于学区房一定要向房屋所在地的教育部门进行核实，没有相关政策的话，开发商的宣传切不可轻信，同时注意户口迁入问题也是非常必要的。

（3）房屋高配置和精装修捆绑销售，美化宣传图和样板房，从而蛊惑购房者签订合同，世上没有免费的午餐，越是美轮美奂的描述，越有深不可见的陷阱。

（4）鼓吹地理位置的优越，对此可以要求开发商提供控制性详细规划，如果开发商提供不了，可以到相关的规划部门进行核实。

（5）宣传赠送地下室、花园、面积等，但在合同中并没有任何的约定，入住后无法兑现，法律上没有保障，这对购房人都会产生不同程度的影响。一句话，哪里有免费的午餐，只是羊毛出在羊身上。

法条链接：

金玉其外败絮其中
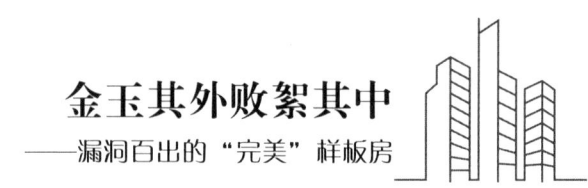

——漏洞百出的"完美"样板房

【样板房的诱惑】

2010年，从外地来北京的李女士和丈夫经过多年打拼，决定趁手头富余，孩子尚小，买套房子在北京安家。于是李女士在看了几处房产后，最终确定了想买的小区，因为看上的这个小区不仅有阳光房，而且位置在朝阳区三环某商业圈附近，到时候就算进行出售或者出租都很方便。于是，在售楼小姐带着看了样板房和几套毛坯房后，李女士就对样板房赞不绝口，憧憬着以后就把房屋照着样板房装修。

但是，李女士回家后左思右想，自己和丈夫工作繁忙，连孩子都是请父母来北京照顾的，没有时间想装修设计方案，也担心装修公司偷工减料。于是和丈夫商量索性就买样板房，这样倒是十分省事，拎包入住即可。

于是，在看完房子后的第一个周末，李女士就去售楼处一次性交了房款，买下了样板房。

【问题远比想象的复杂】

签完合同后，李女士根据合同约定对房屋进行了验收交接，但却发现样板房的质量问题远远超出自己的想象，令自己大吃一惊。

李女士发现，她购买的样板房门窗、吊顶表面有严重的质量瑕疵；卧室毗邻电梯间，但隔声并未做处理；室内卫生间无热水；卫生间、阳光房也存在有严重的漏水现象；空调系统、防水工程亦不完善等情况。

气急败坏的李女士找到开发商，开发商当即承诺对房屋进行维修，并承诺对因房屋存在的上述问题给李女士造成的损失进行赔偿。后来开发商虽在一定程度上对房屋进行多次维修，但也只是小修小补，没有从根本上解决问题，而且有的地方越修越差，李女士的耐心和信任一点点被消磨殆尽，开发商的态度也一次比一次恶劣，甚至到后期都见不到开发商的工作人员，只是打电话说会派工人处理，但后面连维修工人都见不着了。之前口口声声答应的赔偿方案，在一推再推后便不了了之，甚至李女士每次谈到赔偿方案时，开发商的工作人员都以方案得经董事会讨论通过后才能确定，但从不给出具体和准确的日期。

在与开发商多次的谈判受挫后，李女士彻底凉了心，整夜整夜睡不着，辛辛苦苦北漂攒钱买的几千万的房，还不如自己在老家几十万的房。

【自力救济无果，委托律师维权】

被开发商一次次的空头支票欺骗后，忍无可忍的李女士终于在签订买房合同的一年后，委托了笔者，决心拿起法律武器维护自己的权益。

笔者听了李女士的讲述后，做出如下分析：

（1）李女士是退房还是要求继续履行合同赔偿损失，笔者分析建议，现在房价止不住地上涨，且买房已一年，申请退房并返还购房款是不划算的。因此，建议要求赔偿损失最为适宜。

（2）根据李女士提供的照片和视频，该房屋确实存在很多影响实际居住的质量问题，但距离李女士验房已一年之久，现在诉讼的话得申请法院对房屋质量进行司法鉴定。

（3）由于李女士买的房屋是指纹钥匙，开发商邀请李女士验房时已经将李女士的指纹录成房屋打开的唯一密码，开发商声称房屋已实际交付，而不论李女士是否已经居住。笔者分析，由于房屋的隔声、漏水、未铺设热水管道等问题的原因，李女士并没有享受应有的、正常的居住条件，可以视为没有交房。同时，可以去调取用水、用电及用气记录，用以证明该房屋确实没有居住过。

（4）通过调查的方式来获取该房产项目的所有材料，以此证明该房屋从法律上没有达到交付条件，这也将成为证明开发商延期交付的实锤。

具体的方案确定后，接下来就是诉讼请求的设计。诉讼请求的关键就是房屋的损失有哪些，房屋损失的标准是什么，最终的赔偿金额如何确定。

首先，李女士有权要求开发商对房屋进行装修直至达到居住标准。

其次，李女士可以要求开发商支付逾期交房违约金，但是否能支持是有风险的。在司法实践中，有的法官认为，钥匙已经交付，业主有权利实际控制房屋，要求开发商支付逾期交房的违约金不符合合同约定，但是购房人可以主张损失。

最终笔者通过与李女士反复沟通、分析利弊、商讨对策，确定了诉讼请求：

（1）继续履行合同，对李女士的房屋进行装修，以达到正常居住、装修标准；

（2）开发商向李女士支付逾期交房的违约金（从 2011 年 1 月 21 日开始至实际支付为止）；

（3）开发商赔偿李女士房屋租金损失（从 2011 年 1 月 21 日开始至合格的房屋实际交付为止）；

（4）案件的诉讼费用由开发商承担。

【信息公开，收集证据】

接到李女士的委托后，笔者分别向住建委等政府相关部门申请公开该房产项目的一系列手续。通过笔者得到的信息可知，开发商交付房屋的前提条件，即必须通过相关部门的节能验收、消防验收、地下人防验收和竣工验收，但这些条件开发商均未通过，因此从法律上来说，该房屋就没有达到交付条件。

在等待了一个多月后，笔者收到了所有政府部门答复的信息并据此作出了项目调查报告书，李女士收到了笔者的报告，并听了笔者对项目调查报告的分析，李女士担心开发商可能在法庭上拒不承认延迟交付的心终于放了下来。

【发送律师函，正面出击】

笔者向政府部门开始调查后，就根据李女士提供的房屋质量问题列表，开始向开发商起草律师函。律师函中明确要求开发商向李女士出示《商品房买卖合同》中关于交付条件中约定的所应提供的《住宅质量保证书》《房屋建筑使用说明书》《住宅工程质量分户验收表》、规划核验验收合格文件、建设工程竣工验收合格证明文件、《房屋面积测算技术报告书（实测绘）》，满足开发商承诺的基础设施设备、公共服务和其他配套设施达到条件的相关证明文件。同时，根据《消防法》的规定，交付使用的房屋应该经过消防验收合格，所以，我们也要求开发商出示该房屋的消防验收合格证明或者备案证明（包括但不限于《建筑工程消防验收意见书》《消防设计审核意见书》）等符合法定交房条件所需的文件及手续，并立即对李女士购买的房屋进行整改和修复。同时，根据合同的相关约定，若未出示或证明文件不齐全，或未满足合同约定的其他条件的，李女士有权拒绝收房。

笔者分别向开发商的注册地址和售楼处邮寄了律师函，注册地址不出笔者预料已经拒收了，发往售楼处的律师函已经签收，但一直未给回复，也并未与李女士沟通协商，可见开发商是一如既往的强势，或许也料到气急败坏的李女士会请律师，所以不惧律师来函。

【第一次庭审，开发商拒不认可】

2013年2月28日第一次庭审，法庭上开发商拒不认可李女士自己拍摄的房屋质量照片和视频，并辩称房屋符合竣工验收标准，也依约发出了交房通知，房屋可以正常使用，房屋也是由李女士在实际居住（指纹密码锁）。根据相关规定，只有房屋主体结构不合格或者房屋质量问题严重影响正常居住，买受人才有权解除合同。而且李女士购买的为现房，购房前已对房屋进行了确认，故在购房后无权以质量问题为由拒绝收房。李女士在时隔三年后提出诉讼，是在放任自己的损失扩大，加之房屋正常使用过程中难免出现老化等正常损耗，故拒绝赔偿房屋质量损失。

对于开发商的答辩，笔者向法庭提交了调查所获取的相关证据，法庭最终认定了开发商延迟交房的法律责任，但对于李女士提交的照片和视频，由于距合同签订有三年之余，且无法证明李女士的照片和视频是收房前取得的，因此对于房屋质量的责任无法认定。

在庭审前，笔者和李女士就考虑到开发商会耍无赖，不会认可照片和视频所反映的质量问题，虽然这些质量问题开发商之前也处理过。法庭也无法认可三年前照片的真实性。于是，笔者向法庭申请，由法院指定和委托鉴定机构对李女士的房屋进行鉴定，法庭同意了笔者和李女士的申请。

【又是漫长的鉴定之路】

第一次庭审后，法院委托了鉴定公司进行司法鉴定。鉴定初期，开发商百般刁难，极度不配合，谎称施工等相关资料未保存。无奈之下，笔者只能和李女士去相关部门和档案室调取资料。等待了一年多，鉴定报告终于呈现了房屋质量问题的全貌。鉴定检验报告书上显示：李女士房屋外窗普遍存在门窗工程质量、主卧卫生间未做防水、吊顶存在脱落的隐患、石材地面工程存在大量空鼓及开裂现象、阳光护栏扶手问题、玻璃安装不牢固存在安全隐患、客卫未铺设热水管道、阳光房明显漏水，房顶玻璃明显下坠等。

且最为重要的是，鉴定公司就上述房屋质量问题的形成原因向国家建筑工程质量监督检验中心司法鉴定所询问，司法鉴定所回函称："鉴定报告中所列工程质量问题是原有工程质量存在缺陷及施工不规范所致，没有证据表明与后期人为破坏有关。"

鉴定结论摆在开发商面前，开发商也只能认可。但对于李女士提出的赔偿方案，开发商认为数额过高，拒不接受。本以为开发商看到鉴定结论后会坐下来谈赔偿，但开发商的态度再次让李女士寒了心，谈判不成，双方只能再次走上法庭。

【二次庭审、终有结果】

2015年3月5日正是元宵节，李女士与开发商再次对簿公堂。上次有政府部门的信息公开证明开发商未达到法定的房屋交付条件，这次有法庭委托的鉴定机构作出的鉴定报告，证明房屋质量问题确由原有工程质量存在缺陷和施工不规范造成，五年时光已过，事实终于呈现在法庭面前。

因开发商不认可李女士提出的赔偿方案，笔者只能申请法庭委托鉴定机构对房屋的维修方案及损失进行评估。又经过了漫长的评估时间，最终的评估结果和李女士的期望差距不大，法院也依据评估报告作出了判决。

一审法院判决开发商存在逾期交房和房屋质量存在严重问题，判令开发商维修房屋，并支付李女士几百万元的违约金，由于违约金和损失不能同时主张，所以法院并未支持李女士的房屋租金损失。

一审判决下来后，双方均未提起上诉，李女士拿到了开发商的赔偿款，开发商也对李女士的房屋进行了彻底的维修。最终，房屋修复好了。虽然整个房间像是千疮百孔，但目前这是最好的结果了。

【办案分析】

（一）慎重购买样板房

在购房时，买房人往往会被样板房的精美设计和豪华装修所吸引，而且开发商一般在尾盘清盘的阶段也会将样板房折价出售，往往在这个时候，谈判的空间大，优惠力度也比较大。要想装出同等的效果，比自己装修要更省钱。因此购房者往往抵不住装修和优惠房价的诱惑购买样板房。但实质上，样板房由于赶工期和只注重软装等原因，在房屋的隐蔽工程上往往偷工减料，比如本案中客卫未铺设热水管道；比如一般情况下，样板房不会设置水、煤气、暖气等管道线路，空调、冰箱之类的家电也都是摆设。所以，购房者买样板房，就必须要考虑这些问题。因此，样板房存在的问题远远比自己装修毛坯房要多得多，购房者要慎重购买样板房。

（二）验房要仔细

购房者在验房时往往发现诸多问题，一定不要觉得问题小或者听售楼小姐说不影响居住或者改天让工人修修花不了几个钱等说辞就不坚定自己维权的立场，一定要拍照或摄像记录房屋存在问题的地方，取证时最好记录当天的日期，避免无法证明是收房前存在的质量问题的情况。有条件的购房者可以委托验房机构对房屋进行检验，以避免万一和开发商闹到法院时，被开发商以存在时间间隔、房屋正常使用过程中难免出现老化等正常损耗为由不认可购房者自己拍摄的照片或视频证据。当然，法院也有可能不认可购房者自己聘请的验房机构所做的鉴定报告，这时，我们可以申请由法院来委托鉴定公司进行鉴定。

（三）全面取证

本案中，李女士与开发商签订的《商品房买卖合同》中写明"该商品房现已通过规划验收并完成了竣工验收"，但接受李女士的委托后，律师对整个小区项目的立项、国土、规划、施工、竣工等流程都进行了政府信息公开调查。根据律师收到的信息公开答复，该小区在诉讼时都未取得环保验收、节能验收、消防验收、地下人防验收和竣工验收，达不到法定的交付条件。律师所获得的这些证据为李女士主张延迟交付的违约责任提供了有利证明。

（四）质量纠纷案件中的鉴定和评估

房屋质量问题非常专业也非常复杂，很多是肉眼可见的，还有很多是肉眼根本无法看到的。购房者自己拍摄的照片和视频，只能证明房屋在拍摄时的质量现状，但不能证明房屋存在质量问题的原因，所以开发商很大程度上都不会认可，法官也无法认可购房者自己拍摄的照片和视频，因为拍摄的时间和位置无法从法律上确定，也无法确定质量问题确由开发商所致。

因此，在庭审过程中如果自己取得的关于质量问题的证据不被法庭认可，购房者首先要及时提出申请法院委托鉴定机构进行司法鉴定，这个鉴定是对房屋是否存在质量问题以及质量问题形成的原因得出一个专业性的意见，这也是法院审理质量纠纷案件的前提和基础。对于鉴定报告或者鉴定结果中与实际有出入的地方，要及时提出异议。当鉴定结果与事实核对无误，确实是开发商原因导致的，法院才有支持购房人诉求的基础。

既然房屋存在质量问题，就面临着如何为购房人维修以及如何进行赔偿等问题。作为购房人来说，并非专业人士，对于如何维修无法给出专业的意见，对于赔偿损失的金额也不好量化。在司法实践中，因为法官并非工程上的专业人士，也无法作出相应的专业判决，一般法院会要求购房人再次委托评估公司，要求评估公司作出一个维修方案，然后根据维修方案再作出一份损失评估报告。有了这两份报告，基本上就是法院判决的基础了，法院有了依据，判决自然不难。

有的朋友会问，既然法院判决质量纠纷的案件要根据鉴定结论和评估结果，那么质量纠纷的案件就不需要聘请律师了。其实，这种看法是一种误区，虽然法院是根据鉴定结论和评估结果判决，但是鉴定结论和评估结果之中还是有很多律师可以发挥作用的空间。之前笔者代理过一个房屋质量纠纷的案件，在代理的过程中针对鉴定结论和评估结果多次提出异议，最终都被法院采信了，损失的数额也不断提高，为客户多争取了几十万的赔偿额。所以，鉴定也是一种艺术，大家可以阅读笔者之前所写的《房屋质量鉴定的艺术》一书，其中讲述了律师是如何在鉴定和评估过程中发挥作用的。

法条链接：

外合里差
——从天而降的房屋贷款

从去年开始，各地都先后出台政策，加快对房地产市场的调控，购房者也迅速作出有利于自己的选择。其实不论市场如何变化，随着房地产法律制度的完善和购房者对法律关系的明确理解，购房者在不同境遇下所做的选择，其权利基本上都能得到合法有效的保障，而不像在房地产刚兴起的那几年里，购房者按揭买房，在解除了购房合同后，尚不知还需要与银行解除贷款合同。笔者在2011年曾办理过这样一个案子：

【天降横"诉"——山重水复疑无路】

向女士是地地道道的北京人，独立、高知是她的标签。一贯注重仪式感的她，决定给自己即将到来的30周岁生日赠送一个有纪念意义的礼物。

这一天，向女士给刚回国的闺蜜接风，席间闲聊，便想听听好朋友的建议。闺蜜建议："要不就买房吧，你看看香港的房地产市场多火爆呀，你自己住也行，不愿意住就当投资了，过两年一倒手，保你稳赚不赔。"

向女士白了闺蜜一眼："你当是买大白菜呢，哪有那么容易呀。再说我手头也没有多少钱。"

"赶紧的，趁这个机会买吧，机不可失失不再来。钱不够我这还有，先给你用着呗，我这孤家寡人的，用钱的地儿也不多。"

闺蜜的一番话在向女士的心里埋下了种子，经过一段时间的孕育，终于要生根发芽了。这天，经过慎重考虑的向女士约闺蜜逛街，并将自己买房的决定告诉了好朋友。下定决心买房的向女士便约着自己的闺蜜，四处看房，最终在距离自己父母家不远的一个高档小区定下了一套面积为 120 平方的房子，并决定采用"落户"大陆不久的"按揭"付款方式来支付房款。

看好房后，向女士便和房地产开发公司签订了《商品房买卖合同》。1998 年 5 月 20 日，生日当天，向女士又和银行签订了《个人住房贷款借款合同》，贷款金额为 70 万，贷款期限为 20 年，房地产开发公司给做了担保。

办完手续的向女士打电话跟闺蜜诉苦："辛辛苦苦好多年，一夜回到解放前呀。挣的钱没剩了，还欠银行一大笔债，最主要的是后半辈子全部用来还债了，瞬间感觉我的生活品质下降了好几个层次。"

闺蜜开导她说"别苦哈哈的了，等到房地产市场大火起来，你睡觉都会笑醒的。"

向女士怀揣着希望等来了合同约定的交房日子，向女士来到收房现场，签署了所有收房的文件，正在查看房屋的时候，房地产开发公司给了向女士一份通知书，要求向女士支付房屋面积差价款，需要补交房款十万元左右，这个金额让向女士无法接受。

此时的向女士，买房还贷花去了全部积蓄，又因工作变动，工资收入较之以前下降了不少，一直以来又对于房地产市场持悲观的态度，所以萌生了退房的念头。

手里拿着补交房款的通知书，向女士转头走向书房，找出当时和房地产开发商签订的《商品房买卖合同》，仔细研读了起来。说实在的，在签订时，她都没看那么仔细过。皇天不负苦心人，终于找到对她有利的一条了。在合同第 2 条明确规定："当房屋的实测面积比合同约定面积多±3%时，房屋购买者可以依据房地产开发公司出具的补交房款通知书补交，也可以选择解除房屋买卖合同。"

所以向女士就依据《商品房买卖合同》第 2 条约定的关于房屋面积差异的解决办法，要求退房。房地产开发公司负责销售的总经理给她口头答复"可以退房"，同时指定了一名员工处理她的退房事宜。

隔天，向女士带着房子的钥匙、购房签署的所有文件，去房地产开发公司办理退房手续，将上述物品一并交还到房地产开发公司总经理指定的员工手里，对方给她出具了收条，并拿出《商品房买卖合同终止协议》《退房协议》让她签署。向姐收好了收条和自己留存的两份协议，问贷款的事情要怎么处理，该名工作人员告诉她，等房地产开发公司的电话通知即可。

一个月后，房地产开发公司的工作人员打电话通知向女士，需要她到银行填写相关表单，协助办理贷款解除手续。向女士依约前往银行填写了指定的表单后，房地产开发公司的工作人员告诉她，退房的事情全部办完了，她的首付款、已支付的月供及利息，都会退到她提供的银行账号中。

向女士问："银行贷款的事儿办理完了吗？"

这名工作人员答复："完了，后面的事儿和您没关系了，您甭操心了。"

一周后，银行通知短信提醒向女士退款已经到账，还有疑虑的向女士一下子就安心了。

一晃十年过去了，向女士也到了不惑之年，当初的单身有为女青年也有了自己温馨的家庭。然而此时，一纸传票，往这幸福安稳的家庭里投下了一颗炸雷。

这一天，向女士正陪着孩子在楼下玩耍，口袋里的微信响个不停，打开一看，原来是妈妈发给自己的语音消息。刚一点开，便传来妈妈焦急的声音，"囡囡，你惹上什么事情啦，法院的传票发到我和你爸爸这儿了，你快回来看看吧。"向女士一把抱起孩子，转身便往爸妈家奔。

匆匆忙忙赶了过去，打开法院的邮件一看，向女士就愣住了，竟然是要还她十年前买房子的贷款，可是，房子不是退了吗？贷款也没再贷了呀？这到底是怎么一回事呢？

【拨云见日——柳暗花明又一村】

无端端成为被告的向女士，因这件事情着急上火、整宿整宿睡不着觉，跟自己的亲朋好友打电话、发微信不停地诉说自己的"冤屈"，已经变成了第二个祥林嫂。昔日闺蜜看到向女士没了主心骨，通过自己的朋友圈多方打听，将向姐介绍到了笔者所执业的律师事务所，来找笔者寻求帮助。

初见时，向女士从包里拿出法院传票后，便跟笔者叙述了事情的始末。笔者表示特别能够理解向女士的心情，一番安慰后，便直奔主题。

笔者在看完原告的诉状和证据后获悉：原来在向女士和房地产开发公司解除《商品房买卖合同》后，房地产开发公司并没有帮助向女士去解除与银行的贷款合同，而是继续偿还该房屋的银行贷款，两个月后将房屋转卖给了其他人，转让后该房屋的贷款就再也没有人偿还了。在 2004 年，银行将该笔债权转让给了某个资产管理公司，资产管理公司又将债权转让给了现在的资产管理公司北京办事处。到了 2008 年 6 月，资产管理公司北京办事处曾向向女士发出过个人贷款过期催缴通知单。

了解了案件的信息后，笔者向她问了两个问题：

（1）退房时有没有和房地产开发商签订书面的协议？

（2）解除贷款合同时，有没有和银行签订书面的协议？

关于第一个问题，向女士很快就给出了答案：双方签过书面的协议，但是她自己没有带过来。

回答第二个问题的时候，向女士跟笔者提了一个问题："退房还需要和银行解除合同呀？买的不是开发商的房子吗？"

笔者回答："您这是采用按揭贷款方式购买的房子，也就是说您和房地产开发公司之间签订了一个《商品房买卖合同》，同时和银行之间签订了一个借款合同，而房地产开发公司给您和银行的借款合同做了担保。在担保合同关系中，房地产开发公司处于阶段性连带担保的法律地位，在您和银行的借款合同有效期间，当您无法偿还银行贷款，则房地产开发公司要承担担保责任的。虽然您与房地产开发公司签署了预售合同的终止协议，但是您同样有义务和银行签署借款合同的解除协议，否则借款合同仍然有效，对双方都有约束力，自然要偿还银行贷款和利息。"

笔者接着又给向女士分析：原告是资产管理公司，是银行将债权转移给了资产管理公司，但是债权的转让，依据法律规定必须通知债务人，否则该转让行为对债务人不发生法律效力。也就是说，即使向女士和银行的借款合同存在，银行将该笔借款的权利转让给资产管理公司，也应当通知向女士本人，否则对向女士不产生转让的法律效果。

听完笔者的分析，向女士急忙打电话给自己的父母、公婆及丈夫，确认是否有收到银行或者资产管理公司的通知。在确定没有收到任何通知时，她长呼一口气，诚恳地对笔者说："我这个案子就拜托给您了，听了您的分析，我的心里踏实了很多，也放心了很多。即使最终的结果不能完全免除我的责任，我也认了，毕竟是我没有去解除和银行的借款合同，也算存在您说的过错吧。"

和向女士办完委托手续，笔者叮嘱向女士尽快把案件的其他材料送过来，便以诉讼代理人的身份开展了工作。

在向女士把全部案件材料都提供后，笔者经过查找法条和案例，再次做了更加全面的分析，提出了更加周详的法律服务方案，主要有以下四个方面：

（1）提起新的诉讼。由于银行没有按照法律规定转让债权，所以银行与资产管理公司之间的债权转让对债务人不发生法律效力，虽然在实践中有的法院会认为起诉也属于转让债权通知的一种方式。又因向女士和房地产开发公司之间的《商品房买卖合同》已经解除，且没有继续占有借款所买的房屋，也没有继续使用借款，所以据此向法院提起确认与银行的借款合同已经解除的诉讼。

（2）在原来的诉讼中，申请将银行列为第三人。银行作为整个案件的关键方，将其列为第三人，将有助于案件事实的查明；同时，在本诉中，距离通知的开庭时间间隔较短，而拟提起的新的诉讼尚没有做好准备工作，申请将银行列为第三人，可以为我们争取更多的准备时间。

（3）向法院申请中止审理。在新的诉讼已经被法院立案后，笔者代理向女士向法院申请中止原来的诉讼，理由为新提起的确认借款合同解除的诉讼审理结果是原来诉讼审理的依据，且新的诉讼尚未审结。

（4）如果法院判决向女士承担责任，则另行起诉房地产开发公司要求其承担赔偿责任。从法律关系分析，向女士必须与银行解除借款合同后，方能免除自己偿还借款的责任，如果法院严格按照合同的相对性来认定向女士的法律责任，则其需要承担相应的责任。此时，她只能另行起诉房地产开发公司，要求房地产开发公司承担赔偿责任。

确定了具体的诉讼方案后，笔者就开展了具体的工作。

【斗志昂扬——宜将剩勇追"穷寇"】

笔者按照法律服务方案，依次向法院提起诉讼和中止审理的申请。很快，笔者接到法院的通知，中止审理原来的诉讼，并通知了新的诉讼的具体开庭时间。

（一）确认与银行的借款合同已经解除之诉

在开庭的时候，笔者主要围绕银行的被告资格、与向女士之间的借款合同及公平正义等方面发表了代理意见：

（1）依据《合同法》第80条第1款规定："债权人转让权利的，应当通知债务人。未经通知，该转让对债务人不发生效力。"即使向女士与银行的借款合同未解除，那么，合同的相对人也应该是银行，而不是资产管理公司，所以，银行作为被告完全没有问题。

（2）向女士与房地产开发公司的买卖合同已经解除了，也退还了房屋和发票，其借款合同的目的也没有实现，根据《最高人民法院关于审理商品房买卖合同纠纷案件适用法律若干问题的解释》第24条的相关规定："因商品房买卖合同被确认无效或者被撤销、解除，致使商品房担保贷款合同的目的无法实现，当事人请求解除商品房担保贷款合同的，应予支持。"

（3）银行的贷款是直接划拨到房地产开发公司的账户中，向女士并未实际使用和占用借款，更没有占有和使用房屋，即使后来该笔债权转移至资产管理公司，也改变不了向女士未实际使用和占用借款，更没有占有和使用房屋的事实。即使银行和资产管理公司之间的债权转让对向女士发生法律效力，在此种情形下，向女士与资产管理公司的借贷关系也应随着买卖合同的解除而解除，否则对于向女士是非常不公平的。

（4）房地产开发公司也已经认可其与向女士之间的《商品房买卖合同》已经解除，承认房屋买卖合同解除后的银行月供是在向女士不知情的情况下由其自行偿还的，且明确表示愿意承担保证责任。

笔者发表完代理意见后，银行辩称："资产管理公司已经通过公告的方式将债权转让的事实通知了向女士。"

笔者主张，资产管理公司的公告行为，是不合法律规定的。根据《最高人民法院关于审理涉及金融资产管理公司收购、管理、处置国有银行不良贷款形成的资产的案件适用法律若干问题的规定》第6条第1项规定："金融资产管理公司受让国有银行债权后，原债权银行在全国或省级有影响的报纸上发布债权转让公告或通知的，人民法院可以认定债权人履行了《中华人民共和国合同法》第八十条第一款规定的通知义务。"由此可见，本条款已经严格限制了公告通知的主体是"原债权银行"，而资产管理公司非原债权银行，其在向女士下落明确的情况下，发布的公告不能视为其已经履行合同法规定的通知义务。

法院最终判决支持了向女士的诉求，确认了她与银行的《个人住房贷款借款合同》已经解除。

（二）借款合同纠纷

在原来诉讼开庭审理时，笔者以新的诉讼已经确认借款合同解除为由，主张向女士不承担本诉原告资产管理公司主张的返还贷款本金和利益的义务。法院最终判决支持了向姐的主张，驳回了资产管理公司的诉讼请求。

一直到上诉期满，资产管理公司也没有提起上诉，至此，向女士的案子终于落下了帷幕。

【办案分析】

按揭买房的读者须注意，在退房时需要分别和房地产开发公司、银行签订解除合同。

如笔者给向女士的分析，当购房者采用按揭方式买房时，则会出现三层法律关系：第一是购房者与房地产开发公司的商品房买卖关系；第二是购房者和贷款银行的借款合同关系，第三是房地产开发公司和银行的担保合同关系。

在担保合同关系中，房地产开发公司处于阶段性连带担保的法律地位，若是购房者无法偿还银行贷款，则房地产开发公司需要承担担保责任。

即使购房者与房地产开发公司签署了《商品房购买合同的终止协议》，但购房者同样有义务和银行签署借款合同的解除协议，否则借款合同仍然有效，对双方都有约束力，购房者仍要偿还银行贷款和利息。一旦购房者贸然停止还贷，则会对自身的征信等产生不良影响，甚至会影响购房者日后的工作、日常出行等方方面面。

因此，在此提醒各位读者朋友，如果您有退房的打算，请先看看您是全款的方式还是按揭贷款或者其他方式，如果您选择的是按揭贷款方式，请您务必谨记：和开发商签完合同解除协议，还需要和银行签合同解除协议！

法条链接：

一尺水翻做百丈波
——名不副实的学区房

【买一房即拥有全部，但事实并非如此】

"天然紫砂陶土劈开砖外墙，高档贵族式小区，2013 年一体化名校教育，从幼儿园到高中，享受优质公立教育……" 2013 年的春天，每个人都还沉浸在刚过完春节的喜悦中，某市一在建楼盘的宣传墙上张贴着上述宣传语，同时有 "我要去××附小上学啦！" "我要去××外国语学校上学啦！" 等醒目字样吸引着来往行人的目光。

买套房子还能去×附小、×著名外国语学校读书，这对于父母来说是多么值得的事啊，就算不买也得进去瞧瞧。售楼大厅人满为患，售楼小姐宣称："我们小区定位是本市最高档小区，您看咱的外墙都是用的高档别墅才用的紫砂陶土劈开砖，您的孩子呀，也不用托人找关系去上名牌学校，不用深夜排队去面试重点小学。只要买我们小区一套房，您的生活和小孩教育通通一揽子搞定。" 相信听到售楼小姐这番话的人，就算不打算买房也会摸摸口袋动了心。而且售楼小姐不光嘴皮子说说，宣传手册上也明确写明了 "学区房"，开发商还在本市的《××日报》《××晚报》及《××商报》的销售广告上印有 "××学区房" 等字样。业主心想："都登上报纸了，应该靠得住，毕竟开发商也是本地有名的企业。"

【围堵售楼处，开发商改说辞】

本书的集团诉讼业主之一林女士就是在售楼处看完沙盘、听完售楼小姐热情洋溢的讲解后的第 3 天就和老公去签了合同，买了房，并感叹自己终于不用低声下气地讨好关系解决儿子入学难的问题了。

新生入学前的 1 个月，林女士带着儿子去××附小咨询报名的相关事宜时，却被告知该小区的适龄儿童无法就读于××附小。可以想象，那时候林女士的心情用五味杂陈这个词都无法形容，一心以为可以读的××附小读不了了，而离孩子入学已不到 1 个月。愤怒的林女士赶忙去找开发商，当她赶到售楼处才发现售楼处早已被拉着横幅的业主围得水泄不通，看来不只她一户发现被开发商骗了。

售楼处的工作人员说他们会积极与附小联系，争取让各位业主的孩子们今年能顺利入读附小，有业主联系了刊登过广告的报社，报社说他们只是收广告费刊登广告，具体情况也不清楚。同时，也有业主立马联系了新闻记者来现场采访，开发商的工作人员也只是说会联系学校。但这时业主都明白，距离 6 月份学校报名已不足 1 月，开发商的说辞也只是推脱而已。现在房子也卖完了，售楼部外墙及模型图上的"附小""外国语学校"等字样早就被刮掉了。

同时，业主们发现小区外墙并不是用的"紫砂陶土劈开砖"，而只是极其普通的砖，连好看都算不上，且造价低廉，根本不符合业主一开始对高档小区的预想。开发商的虚假宣传被彻底揭穿。

【业主集体维权，共同对付无良开发商】

包括林女士在内的 12 位业主去住建局和消费者协会进行信访，在住建局和消费者协会的主持下召开了业主和开发商的三方会谈，开发商没有诚意，并推辞说只是宣称属于附小和外国语学校的范围，并未称就一定能上范围内的学校，学校服务区由教育行政部门划分，自己作为开发商没有那么大的权利。现在的外墙用砖与紫砂陶土劈开砖是同等级的产品，宣传资料上写明了"仅供宣传"的字样，是业主自己没注意到。消费者协会的答复说商品房买卖不属于消费者权益保护法的受理范围，且消协无行政执法权，建议业主走法律途径维权。

12 位业主在多方打听做房产这块业务能力强的律师后，最终委托了笔者代表维权。笔者在接受维权后和业主进行了案情沟通。

首先，直接和开发商打民事诉讼，在证据上我们还是有些薄弱的。因为现在的证据仅仅只有合同而已，且开发商肯定会以紫砂砖外墙和学区房并未写进合同为由主张自己并无违约责任。所以，在诉讼策略的设计和选择上，民事诉讼应该是后续推进的，为此需要我们更深入地去挖掘开发商违法违规的地方。

其次，要通过调查开发商的开发程序文件，从中发现开发商的违规点。这也是增加业主谈判筹码的一种方式。

再次，若是调查取证顺利，可以从中发现违规点向相关职权部门投递违法查处申请书。针对政府部门是否履行自己的法定职责提起相应的行政诉讼。

通过信息公开调查到违法查处到行政诉讼，一环扣一环，才能有效增加最终民事诉讼的胜算率或促成诉讼前的谈判或和解。笔者告知业主，行政诉讼不是目的，结果胜诉也好还是败诉也好都不是最重要的，重要的是通过这个方式能够让开发商和业主在一个平等的谈判桌上进行沟通。

【调查与违法查处，初步达到预期效果】

（一）详细调查，发现开发商违规建设

通过详细的调查了解，笔者从市规划局得到了该小区的 5 份《建设工程规划许可证》（以下简称"许可证"）。通过与业主的核实，发现开发商擅自变更的地下室规划高度和小区绿化率。这给笔者和业主的维权增加了很多信心。

（二）两份查处，各有所获

第一份查处，笔者向工商行政管理局发送的《违规宣传查处申请书》得到了答复。工商局对开发商下达了《行政处罚决定书》，认为开发商宣传的"天然紫砂陶土劈开砖外墙"和"13 年一体化教育"属于虚假宣传的不正当竞争行为，责令开发商立即停止虚假宣传的违法行为，消除影响，并罚款 10 万元。笔者和维权业主的查处结果也算是成功打响了胜利的第一炮。

第二份查处，笔者向市规划局发送《违规建设查处申请书》，要求查处开发商违规建设的违法行为并将处理结果书面告知我们。但市规划局逾期并未答复。未答复也并非是件坏事，至少笔者可以把市规划局送上法庭被告席，据此得到的判决可以成为民事诉讼或谈判的有力证据。

【行政诉讼，胜利第二响】

上文提到笔者向市规划局提的违法查处，市规划局并未在法定期限内答复。于是，笔者将市规划局告上法庭。请求法庭确认市规划局作出的5份许可证违法并予以撤销。在庭审中，笔者主张：其一，市规划局在核发许可证时未要求开发商提供修建性详细规划（涉案项目恰好属于应该编制修建性详细规划的建设项目），完全不符合《城乡规划法》的相关规定；其二，开发商的国有土地出让合同和规划条件中记载的建设高度不超过50米，绿化率为35%，这两项规划设计条件在性质上属于不得变更的内容。而市规划局核发的许可证确定的建筑高度和绿化率却超出了规划设计条件，这是存在问题的。

但市规划局辩称根据《城乡规划法》的相关规定，修建性详细规划主要针对重要地块而非所有地块且并非必须编制；同时根据该局技术审查会议纪要精神，考虑到该地块统一布局的需要，在满足沿江空间和机场等高度要求的前提下，同意开发商的地块建筑物高度由50米调整至100米。

一审驳回了业主的诉讼请求。在法定的上诉期内，笔者提起了上诉，且二审法院公开开庭审理了本案。二审庭审中，笔者重申观点：一方面，市规划局核发的5份许可证建设规模达83万余平方米，应当属于"需要建设单位编制修建性详细规划的建设项目"；另一方面，建设单位应当按照规划条件进行建设。确需变更的，必须向城市、县人民政府城乡规划主管部门提出申请。变更内容不符合控制性详细规划的，城乡规划主管部门不得批准。城市、县人民政府城乡规划主管部门应当及时将依法变更后的规划条件通报同级土地主管部门并公示。但根据笔者进行的调查，小区整个的规划条件并未变更。

二审法庭最终支持了笔者及业主的诉讼请求，确认市规划局作出的5份许可证违法。

【最终的民事诉讼，成功维权】

笔者调查获取了开发商从立项到竣工过程中所有的违法点，得到了工商局确认开发商虚假宣传的《行政处罚决定书》以及确认开发商5份《建设工程规划许可证》违法的行政判决书，万事俱备，最后的一击便是民事诉讼了。

笔者给业主分析了如下几点：一是行政诉讼判决确认了《建设工程规划许可证》违法，虽然没有直接促成开发商和业主谈判，但对开发商的影响很大；二是本案的虚假宣传加上得到的工商局的查处答复，足以作为证据要求开发商赔偿；三是民事诉讼很难达到业主期望的退房目的，因为即便开发商存在虚假宣传及各种违法点，也很难证明业主的购房目的无法实现；四是业主要求开发商承担虚假宣传"紫砂陶土劈开砖外墙"和"学区房"的两项损失，笔者分析，前一项法院很难支持，因为对房屋的居住适用影响不大，而后者肯定支持的概率会比较大，毕竟对业主来说还是非常在乎学区房的。

根据上述分析及笔者开庭前的精心准备，案件的结果笔者心里也有了个大概，法院判决的结果也确实如笔者预料，由于笔者在开庭前与业主进行了充分的沟通，所以业主也就不坚持要求退房了。

（一）请求主张开发商虚假宣传"紫砂陶土劈开砖外墙"的违约责任并未获得法庭支持

庭审中，笔者及业主称根据相关法律规定，商品房的销售广告和宣传资料为要约邀请，但出卖人就商品房开发规划范围内的房屋及相关设施所做的声明和允诺具体确定，并对《商品房买卖合同》的订立及房屋价格的确定有重大影响的，应当视为要约。因此，开发商宣传资料上宣传的"紫砂陶土劈开砖外墙"应当视为双方合同内容，而开发商擅自变更外墙砖材料，已经构成违约。

法庭认为，外墙砖的价值相比于购房款所占比重很小，且我方提供的宣传资料上有免责声明"本宣传品为要约邀请，双方权利义务以合同为准"，而双方签订的合同并未明确约定房屋外墙用砖为"紫砂陶土劈开砖"，我方也无证据充分证明该外墙砖对业主买房具有决定性影响。因此，驳回了这一项诉讼请求。

笔者庭审后跟业主沟通分析，紫砂陶土劈开砖外墙也许确实是咱们业主自己买房的重大决定因素，但法官而言，在衡量这一因素是否构成购买该房重要因素时，法庭自由心证的结果和业主的衡量因素不同。

（二）请求主张开发商虚假宣传"学区房"的违约责任，维权成功

开发商辩称关于在公司宣传版面及报纸上的学区房介绍仅为"项目形象展示，不作为要约"，且双方签署的《商品房买卖合同》是经工商行政主管部门的审核、备案，合同中并没有约定该房一定在附小和外国语学校的服务范围内，就算学区房广告构成要约，在《商品房买卖合同》签订后房屋未划入附小和外国语学校的范围内系政府原因导致，并非自己过错。

除业主提供的《商品房买卖合同》、购房款发票、业主要求开发商退房的通知书等证据外，笔者还提供了上文提到的工商局认定开发商虚假宣传的处罚决定书及教育局信访《答复意见书》，教育局的答复证明在该小区从立项到竣工，到开盘卖房的整个阶段，该小区都并不在附小和外国语学校的服务区内。因此不存在开发商辩称系政府原因导致。同时，开发商在合同中有关免除其责任、排除业主权利等格式条款，因未能尽到合理的提醒义务而应属无效。

最终，法院认为根据一般社会经验，开发商在在建小区外墙和报纸上刊登的广告对《商品房买卖合同》的订立以及房屋价格的确定有重大影响。因此，开发商对学区房的说明和允诺应视为要约，应视为合同内容，开发商应承担违约责任。另外，违约责任根据违约造成的损失、当事人的过错程度等情况综合予以确定。业主在应知学区划分具有不确定性的情况下仍轻信开发商的宣传广告，未能尽到理性购房人的谨慎注意义务。故法院判令开发商按购房款的一定比例承担违约责任，赔偿业主的损失。

笔者代理的 12 位业主其中一位是通过诉讼判决获得赔偿，其余的 11 位业主按照诉讼的结果和开发商达成了和解。

【办案分析】

（一）关于集团诉讼

集团诉讼并不是法律上的概念，往往是指多人一起诉讼，有可能诉求相同有可能诉求不同，但无论诉求如何都坚定地捆绑在一起进行维权，类似于共同诉讼，但是又不同于共同诉讼。

集团诉讼相比于单一诉讼的优点在于，人多底气足（因为集团诉讼的对方一般是政府或者开发商）、同一结果可以多次复制、便于集资请律师等。笔者代理过十多年的集团诉讼，对集团诉讼维权的整个流程能恰到好处地掌控。

集团诉讼的缺点在于人多口杂，容易出现"叛徒"，把律师维权的方案、计划、策略等全部告诉对手，从而获得更多的私人利益或者从开发商处拿到更多赔偿。一旦出现这样的情形，就有可能使得律师的维权满盘皆输。因此，集团诉讼必须要求业主之间签署保密协议和议事规则，确保我方的诉讼策略处于保密的状态，才不至于被动。

（二）迂回路线，稳中求胜

一般这种商品房集团诉讼的案件，尤其是基于虚假宣传、欺诈销售的原因而维权的业主，想要直接通过民事诉讼来达到赔偿或者退房的诉求非常困难。因为业主手中一般只有购房合同、购房发票、售楼小姐发的宣传资料等证据，有的业主连宣传资料都没有，这些对于强势的开发商来说不值得重视。因此，一位好的集团诉讼律师一般会走迂回路线、另辟蹊径。

首先，专业律师必须要对房地产开发项目的流程特别清楚和了解，这样才能有针对性地进行调查，才有可能获得有价值的证据。

其次，从调查中一旦发现问题就可以设计一系列诉讼，包括行政诉讼和民事诉讼，这样会给开发商带来各种各样的压力。笔者之前代理过一起集团诉讼，从调查获取的《建设工程规划许可证》中发现开发商违规修建地下室，结果刚要求政府依法履行职责时，开发商就和业主和解了。这也是笔者代理过的集团诉讼中解决速度较快的一例。

最后，通过调查、违法查处及行政诉讼也可以获得更多的证据，换句话说，这些也是收集证据的一种方式，有时候能得到意想不到的效果。当然，这些都是我们维权的方法和手段，不能承诺一定可以成功，但成功的数量也不少。

（三）谨慎对待开发商的宣传，签署合同要仔细

开发商虚假宣传学区房或者相关的配套设施，如小区有高档会所等，各个方面的报道年年都有，但年年都有业主被骗，进而要求维权。那么，在看房的过程中律师建议各位业主一定要注意，不要轻信开发商的口头承诺，只有写进合同中的才是最保险的。同时，签《商品房买卖合同》时，不要"唰唰唰"一页一页地签字，却不知道合同中约定了哪些条款，建议业主自己还是得认真查看合同内容，了解合同内容的具体含义。

法条链接：

千疮百孔别墅楼
——业委会的艰难维权

【开端——买别墅】

说起别墅，笔者也曾构建过令人憧憬的画面：别墅，传承了中华传统建筑文化的精髓，天人合一，故别墅多依山而建，或傍水而居，以大自然为皈依，符合古人格物致知的人生哲学，尖塔形斜顶与柱式装饰，大自然的巧夺天工与工匠的精益求精遥相呼应，浪漫亦不失庄严，典雅又凸显尊贵，茂密翠绿的竹林沿着小路站成两排，使整个庭院显得宁静而质朴，翠绿的竹子在顶端相互靠拢，在庭院上形成了一道天然的屏障，将夏日的炎热与尘世的喧嚣隔绝开来，让人不受尘嚣而独处于内，忘乎烦恼而怡然自得，仿佛隐士陶渊明追求的桃花源一般，各式各样的树木盆景排列在园中，寄于自然的花鸟鱼虫游玩在院内，置身其中而忘乎其外，享受着处江湖之远的惬意，逃离了居庙堂之高的忧虑，宁静幽远，令人神驰，让人可以真心静下心来，调一调素琴，阅几卷金经。

故事的开头总是看起来很美好。张先生家是河北的，从20世纪90年代以来就一直在全国各地搞技术开发，开始是张先生的父亲，再到张先生自己，事业那是风生水起、如火如荼。张先生是一个有头脑有能力的富人，对任何事情都有前瞻性、预见性，手里也赚了不少钱，不过这些钱可不是放银行存着等着"贬值"，张先生也是很注重生活品质和生活情调的人，于是有了在北京购买一套别墅的打算。

张先生对别墅的位置选区也很考究，对于他这样热衷于技术开发的人来说，海淀区的别墅当然是首选。在选定了区域范围后，张先生又层层筛选了好几个房产开发项目，最终还是欣欣公司开发的别墅最让张先生满意。为了少踩坑，张先生带着他公司的法务一同去了别墅的售楼处。

"先生您大可放心，这个项目的别墅开发商可是欣欣公司，开发商提供的物业服务那可是'一对一'的荷兰管家服务级别，而且别墅是现房，目前都是市政供电排水，再加上这地理位置和环境，这样的价格很是划算……"

"钱多少都不是问题，我是买来自己住的，我最看中的就是别墅本身的品质……"

来来回回谈好条件和价格，张先生也很是爽快，当场决定买下一栋别墅。售楼处人员见势立马给出了《商品房买卖合同》《业主手册》等材料，张先生让法务仔细审查合同等材料，法务表示各方面约定都挺详细、全面、到位，张先生也就签了。

把别墅上上下下都装修好，再空置上几个月，等到真正可以入住时，已经是 2010 年中下旬了……

【问题的第一次暴露——业委会的成立】

故事到这里只说了一个开头。五年过去了，张先生平日里忙于工作，不常来别墅，但是一到小长假，张先生都和家人或是约上三两个朋友，来此处度假，到了暑假这里更是避暑休闲的好去处。可是一想到这里张先生就头大，每年的 6 月至 8 月都是北京的雨季，而且每逢下雨基本都是大暴雨，张先生家的地下一层就会被雨水浸泡，而且家中连正常用电都无法保证。这装修好的 KTV 和吧台虽然算不上报废，但每次都弄得一片狼藉，像发洪水一样，好好的度假成了一场噩梦。张先生找到管家，并多次和物业沟通，但基本上都没有实质性的解决方案，让张先生很是失望。后来张先生在小区里碰见其他业主，随口一问，才得知原来很多业主家里也出现了同样的问题，并且小区受害业主们已经开始集聚在一起，商讨如何维权，于是张先生也加入了。

"这一下雨，电也没了，家里还跟发洪水一样，我们每年交那么多物业费，这物业和管家也太不顶事了，什么都不给解决……"

"是啊，这都什么事啊，能把物业换掉吗？"

"换是可以换，不过我听说只能咱们先成立业委会才行啊，单个干是不行的。"

"那这业委会要怎么才能成立啊？"

想得到最专业的指导，几个业主代表咨询到了笔者这里，笔者向业主代表们了解了小区的问题之后，接受了他们的委托，为成立业主委员会提供了最专业的指导。虽然整个过程中开发商多次出面阻拦，但几经周折小区业主委员会终于成立起来了。

【纸包不住火——一系列问题陆续出现】

小区业主委员会成立后，业主委员会征求了全体业主的意见，结合物业公司服务差的现状以及一直以来物业服务水平从未得到任何改善的情况，业主委员会组织召开了业主大会，最终通过投票换掉了原来的物业公司。但事情远比预想的复杂，由于换掉了之前的物业公司，开发商出于报复，把原来的物业公司使用的办公室收了回去，开发商说这个办公用房是临时用房，属于开发商所有，不让新的物业公司使用。自业委会成立后，陆续发现开发商欣欣公司在当初交房时遗留了诸多问题，且这些遗留问题随着时间的推移，逐渐暴露在业主们面前，已经严重影响到小区业主的居住生活和安全问题。主要问题如下：

（1）房屋存在严重的质量问题，房屋不断漏水，墙体开裂等。

（2）供电系统。不论是开发商与业主签署的《商品房买卖合同》，还是提供的《住宅质量保证书》和《住宅使用说明书》，上面都明确记载小区是正式的双路供电，然而小区还是临时用电。由于是临时用电，所以电压不稳，尤其是遇到暴风雨天气就无法保证正常用电，甚至会导致业主地下室因无法用电而给诸多业主造成巨大的经济损失。

（3）排水系统。开发商在《住宅质量保证书》和《住宅使用说明书》中明确承诺小区的排水系统纳入市政管线。然而，在村委会改造南山灌渠时，业委会才得知开发商并没有履行承诺，小区的排水并没有接入市政管道。正因如此，每逢大雨小区近一半的业主家地下室会被水浸泡，给小区业主造成了巨大的经济损失和精神折磨。

（4）供水系统。开发商在《住宅质量保证书》和《住宅使用说明书》中明确承诺水源开采自千米深水井，并在《业主手册》中明确承诺水源引自地下深层水源，经净化后配送入户。然而，小区在维修供水水泵时，发现小区的深水井根本不到千米，水井深度甚至都不到百米，未经净化就输送给了小区业主，严重影响了小区业主的生活质量，造成了严重的健康隐患。

（5）其他问题。除上述问题以外，小区还存在诸多遗留问题：如市政基础设施不齐全；小区内的变压器裸露在室外；小区靠近山脉的围墙并非混凝土浇筑，有大量空鼓，存在严重的安全隐患；小区频繁发生被盗事件等。

【再次委托，调查取证】

高档别墅竟然存在如此多的问题，这令小区业主和业委会到了崩溃的边缘，忍无可忍，业主最终还是决定拿起法律的武器维护自己的权益。

鉴于之前笔者指导他们顺利成立业委会，业主代表们对笔者也是十分信任，于是再次找到了笔者。在向笔者描述了上述问题后，笔者也给出了令业主代表满意的承办方案，最终委托笔者帮助他们维权。

首先，律师展开的第一步工作就是指导业委会向开发商发函。主要就是将目前小区存在的各种问题在函中阐述清楚，采用 EMS 邮寄给开发商，并提醒业委会在填写邮单时注明发送的文件内容是什么，并将邮单和签收记录保存好，以后要当作证据使用。

其次，律师要对这个小区有一个全方位的摸底调查。其实在这之前，业委会内部已经有业主代表自己进行了调查，并且拿到了一些图纸材料，但是笔者为了保证调查材料的正确性以及固定调取证据的时间，建议业委会授权律师再进行一次完整的、全方位的摸底调查工作，业委会表示赞同。除了向政府各部门通过信息公开的方式调查外，笔者还去了档案馆查看相关图纸。

在律师多番努力的情况下，获得了以下调查结果：

（1）获取的小区总平面图中显示的别墅数量和实际建设的户数并不一致，存在违规多建的情形。也就是说，很多业主一直没有产权证，可能是违规建设导致的。

（2）通过小区经济技术指标表的获取，可以发现小区有五个公共配建，但是开发商把三个配建都改变了原有的规划用途，将配套公建四建成了别墅作为小区的流水别墅高价出售给了业主，公建五根本就没有建设。

（3）通过平面图可以看出，小区规划有120平方米的物业管理用房，但是在小区却无法找到，而开发商的前期物业公司所使用的房屋在规划中却始终未找到，这说明开发商在小区业主的土地使用权范围内违规建设了部分房屋。

当律师将调查所发现的问题告知业委会的时候，业主们简直各个目瞪口呆，因为谁也不会想到每套别墅3000多万的小区中竟然是这样的！原本业委会是代表全体业主和开发商维权，但是有些问题会涉及部分业主的根本利益，这使得维权一下子变得复杂了。比如，业委会就公共配建主张权利、就小区违建主张权利的话，将直接影响这些无辜业主的利益。业委会和律师赶紧召集会议，律师在确保业主个人利益不受损害的情况下，制定了一整套维权策略：

（1）针对开发商违规建设别墅的事宜被暂时搁置，为了保护无辜业主的利益；

（2）针对改变公共配建用途的行为和未按照规划建设公共配套的行为提出查处，要求相关政府部门进行调查核实和处理，以此来给开发商施加压力；

（3）由于开发商未按照规划图纸建设物业管理用房，所以要求开发商建设物业管理用房提供给业主大会（业委会）使用，同时要求相关行政主管部门针对开发商的违法行为进行行政处罚；

（4）由于开发商的《商品房买卖合同》中明确写明了为业主提

供市政用电、市政排水，同时开发商没有按照规划建设物业管理用房，小区内的三个变电器没有任何保护措施等，业委会可以基于此提起相应的民事诉讼。

【行政查处施压开发商，民事立案齐助力】

律师根据制定的策略开展工作，先是提出了行政查处，然后陆续提起了行政诉讼，开发商都无动于衷。业委会询问笔者，这个方式对开发商是否有压力？笔者根据自己多年来办案的经验觉得这个方式肯定有压力，而且最为关键的是开发商正在这个小区的附近开发二期商品房，所以一定受制于政府。过了两周左右，开发商开始按捺不住了，主动找业委会和谈。于是，双方有了第一次见面，业委会的要求：第一，业主家里有房屋质量问题的，尽快修复；第二，尽快将小区的排水系统接入市政，将小区的供电系统接入市政，变成市政供电；第三，修建一个新的物业管理用房；第四，将小区内裸露在外面的变压器设置一定的保护措施等。开发商仅仅同意维修业主有质量问题的房屋，但是其他的方案不同意。业委会也明确表态，不同意就进行诉讼。

笔者感觉是时候多管齐下了，经过和业委会充分沟通后，向法院提起了民事诉讼。但是，立案的整个过程异常艰难，从2013年10月直到2014年4月才总算立案成功，期间与宋鱼水法官进行了大量的沟通。宋鱼水法官还专门召集了民事审判庭的法官对这个案件进行了研究，认为这个诉讼中业委会的主体资格存在问题，且诉求中涉及很多行政审批的问题，人民法院是不是能越过行政审批直接进行判决，这是需要研究的。同时，宋法官也表示，小区的这类案件将会越来越多，小区公共配套设备设施相关的诉讼也会越来越多，所以审判庭正在研究相关的处理意见。整整过了好几个月，在律师不断的催促、沟通下，最终予以立案。

笔者和业委会对于法院的立案，非常高兴，因为这类案件目前还没有人提起过诉讼，只要法院能立案审理，这无疑是对我们工作的初步肯定了。立案后，开发商又来找我们和谈了，开发商提出可以在二期开发建设的范围内给我们建设相应的公共配建，业委会对于这种未来的不确定的期许，一口予以了回绝。

审理法官为了查清楚业委会的诉求客观上是否可以实现，给律师出具了供水、供电、发改等多个部门的调查令，调查后我们得知：

（1）规划部门不针对小区内的小市政（主要是供排水、供电管线）进行审批，规划部门只审批涉及道路的大市政；规划部门对小区内的小市政接入大市政也不进行审批，能否接入大市政，需要开发商和相关的部门进行协调，涉及供水是和自来水公司协调，涉及排水是和排水集团协调，涉及供电是和供电局协调，只要这些部门同意，应该没有问题。

（2）业委会向规划部门申请的供水、排水、供电管线规划图，规划部门告知涉及公共安全而不予公开，如果法官来可以进行查阅。

（3）档案馆仅保存有小区内的供水、排水和供电管线的设计及竣工图，小区内的供排水和供电管线应当是具备接入大市政的条件。

（4）发改委对市政基础建设配套费的批复文件进行检索，但没有检索到任何内容，从而证明了开发商没有缴纳市政基础建设配套费，由此可见为什么小区没有配套。

（5）水务局法制办的工作人员与业务处的工作人员核实后电话告知小区具备供水和排水管线。

通过以上内容，可以分析得出：小区内部的小市政是健全的，道路的大市政也是健全的，如果开发商同意启动小区内小市政接入大市政的程序，并且与自来水公司、供电局、排水集团进行协调，那么业委会的诉讼请求就能解决。

2014年8月第一次开庭，法官简单核对了诉讼请求的依据。这次开庭后要求我方再次进行调查，主要是向区规划局调查新建物业用房是否需要审批的问题，规划局答复需要；其次向电力局调查市政双路供电的问题，及向水务局及市容市政委调查市政排水的问题，答复需要施工证才可以。

2014年11月第二次开庭，双方进行了举证质证，开发商认为已经完成竣工验收，符合规划条件，不存在我方起诉的内容。我方针对每条诉讼请求都向法院进行了明示，具有明确的法律依据及合同依据。

从 2014 年到 2017 年间，法院一直在研究这个案件，主要是关于业委会的诉讼主体资格问题，还有就是业主的诉讼请求是否明确、是否具备可操作性等问题。直到 2017 年过去大半年了，法院通知我们再次开庭，双方继续进行辩论。

庭审结束后，法官说经过审委会的讨论，建议双方进行和解，并且明确约定了一个具体的时间，届时由双方决定和解方案的人员出庭。

【最终谈判和解——维权成功】

庭审结束后，笔者与业委会代表进行了详细的沟通和分析：

（1）关于物业管理用房，建议要求开发商将自己的售楼处交付给业委会和现任物业公司办公使用，虽然售楼处属于临时建筑，但是位于小区内，被拆除的可能性很小。

（2）要求开发商明确承诺，在二期建设完成后，按照规划图纸，开发商从二期的项目中给予业委会 300 平方米的正式物业用房。

（3）市政排水的问题，目前接入市政管网的可能性非常小，原因是必须要取得施工证，而业委会没有取得《建筑工程施工许可证》的资格，对于开发商来说已经完成了竣工验收，目前也无法申请这个项目的施工证了。所以，依据镇政府的文件，可以与开发商约定，若是镇政府需要封堵灌渠，则相关费用由开发商承担。

（4）关于供电和变压器设置保护措施的问题，建议从经济利益上进行平衡。

笔者之所以建议调解，是因为法院有可能以诉求不具备现实可执行性，或者业委会无诉讼主体资格为由，驳回业委会的诉讼请求。目前案件是有这个风险存在的。

业委会听取了笔者的建议，与开发商进行了调解，开发商也同意了业委会的方案，最终签署了《调解协议书》。虽然民事诉讼并未取得满意的判决，但在现有条件下业委会已经实现了利益的最大化，足矣！

【办案总结】

笔者代理了很多案件，每个案件都有很多的体会。其中，体会最深的就是我们要运用法律为当事人解决问题。法律只是工具和手段，永远不是目的。所以，即便法律规定掌握得再熟练、法条记忆得再清楚，如果解决不了客观存在的问题，也是没有意义的。

就本案而言，笔者进行了调查，根据调查结果设计了各种行政查处，也提起了行政诉讼，甚至对小区公共配套的相关纠纷提起了民事诉讼，客观地讲，案件的风险和难度等作为律师都非常了解，但是之所以还要坚持不懈地诉讼，就是相信这是目前解决这些矛盾和冲突的唯一方式。所以，即便存在各种困难、压力，只要有一线希望都得去尝试。相反，若是从学理上分析民事诉讼不具有可行性的话，那么一开始就相当于我们放弃了。

同时，律师和当事人也要具备审时度势的能力，如果案件在现有的背景下很难取得胜诉的结果，但是却能争取和解或者调解的机会，这也是我们需要珍惜的。有时候调解也不失为一种好的选择。

调解后，业委会及现任的物业公司在开发商豪华的售楼处中正常办公，小区的排污系统、供电系统虽然没有接入市政管网的大系统，但是开发商以及村里都采取了一定的措施，缓解了小区业主的痛苦。张先生家的房子也终于不再逢雨必漏，可以开开心心地避暑度假了。

法条链接：

相顾无言，惟有泪千行
——令人无法释怀的阳台栏杆

【遥远的 5 厘米】

周末，姐姐带着两个孩子来我家做客。许久不见小姨，孩子们和我格外亲昵。两个孩子正是需要大人看紧的时候，他们一会儿摸摸这一会儿看看那，爬上爬下没有片刻的安静。晴晴侧身站在卧室阳台的两个栏杆中间，回头摆着鬼脸让小姨给她拍照，我一把抱走晴晴。是的，我害怕，因为我怕我的晴晴会不小心掉下去。晴晴的举动让我不由得一身冷汗，令我如此害怕的原因是曾经办过的一个案子。

2015 年 3 月 24 日，赵先生与起航房地产公司签订了《商品房预售合同》，约定购买起航公司开发的一套房子，并且约定起航公司2016 年 12 月 31 日交房。签完购房合同的赵先生十分开心，辛辛苦苦这么多年，终于就要有一个属于自己的小家了。正赶上开发商做活动，交完首付送 40 万元的装修代金券，这么大的便宜，必须把握住机会啊，赵先生心想。但是也不能掉以轻心，赵先生查看了开发商的样板房，样板房的装修十分精美，简直无可挑剔。赵先生暗下决心，就买这套了。于是同日，赵先生与起航国际建设公司签订了装修合同，约定 2017 年 7 月 30 日交付房屋。这下可妥了，交付的房屋直接就是精装修的房子，搬东西就能入住，赵先生喜滋滋地回到自己的出租屋，静静等待收房的那天。

时间终于来到了 2017 年 7 月 30 日，赵先生接到了开发商的收房通知。第二天一大早赵先生带着囡囡吃了顿早饭就赶到他们即将入住的新家查看去了。囡囡是赵先生一岁的女儿，孩子刚会走，正是离不开人的时候。赵先生在房间里检查，谁想到房子外表看起来没什么大问题，但是定睛一瞧，客厅、卫生间的电线还裸露在外，门缝大得能伸进一只手。难道这就是40万的装修效果？和样板间简直是天壤之别。这时候囡囡只能在一旁自己玩着，一会儿摔了个跟头大哭一场；一会儿又要爸爸抱。赵先生安抚了一下孩子，又到卧室检查去了。卧室的木地板翘得一个成年人踩上去都压不住，墙角也有裂缝，灯也不亮，踢脚线都还没有完工，脏兮兮的乳胶在外面溢着，壁纸上随处可见破损和开裂……越仔细查看赵先生就越生气。从卧室出来，赵先生打算抱着囡囡去找开发商理论，突然听到客厅阳台的栏杆处有一声巨响，再往下一看，囡囡掉下去了！赵先生急得像热锅上的蚂蚁，飞奔到楼下，抱起女儿就开车去了医院。囡囡是从防护栏的缝隙中掉下去的，在重症监护室抢救了1天，可是再也没有醒过来。孩子没了，赵先生后来和我讲这件事情的时候，几次哽咽得说不出话，能说出几个字的时候反复的一句话就是自己把闺女给害死了。赵先生的眼泪像断了线的珠子，仿佛这种滋味的泪水没有止境。笔者再次回想起那一幕就是苏轼词中写道的"相顾无言，唯有泪千行"。囡囡的离开让赵先生一家陷入了巨大的悲痛之中，也正是这样的伤痛让赵先生有着超出常人的坚定力量："我必须要维权，为孩子讨个说法！"

事后赵先生回到那个让他痛苦的家中检查栏杆的情况。根据《住宅设计规范》的规定，阳台栏杆的垂直杆间净距不应大于0.11米，当时赵先生经过测量，家里的防护栏的间距已经达到0.16米！差了5厘米的距离，孩子就这么没有了。这是世界上最遥远的五厘米。囡囡的过世，小区里人尽皆知，相关的媒体也报道了此事，开发商和装修公司出于舆论压力的考虑，屡次找到赵先生，最后关于囡囡的事情赵先生一家与开发商和解了。但关于房屋质量的问题，双方没有达成一致的意见。

像赵先生这种房屋装修质量不合格的业主还有好多，赵先生找到了小区里面其他7位比较积极维权的业主，把大家召集起来，肩负着女儿的那份悲痛找到了笔者，开始了他的维权之路。

【知己知彼，百战不殆】

谈案的当天，赵先生和其他 7 位业主都来到所里和笔者交谈。几位同事事先准备好了黑板和椅子，我们准备把赵先生等 8 人的情况，通过脉络图清晰地向他们展示。8 位业主都到了现场，赵先生首先叙述了他的情况，囡囡的事情又一次被提起，赵先生在我们面前红了眼圈，男儿有泪不轻弹，笔者也为他感到痛心。我也是一位妈妈，所以我知道赵先生的痛一定就像千万把刀子在挖自己的心。赵先生平复了一下心情，其他的业主依次说了自己家的问题。笔者针对他们共性的问题在黑板上罗列了出来。8 位业主虽然不在一栋楼，但是户型大致是一样的，每家的厨房都没有放置抽油烟机的位置，其中 2 位业主家里厨房的棚顶有漏水现象。笔者分析了业主与开发商和装修公司的法律关系，以及目前的房屋现状。虽然笔者也觉得开发商和装修公司很不负责，但是作为律师，在理解客户的同时，还是要理性地分析这个问题。赵先生曾想让笔者在起诉状中再向装修公司和开发商主张 1000 万元的精神损害赔偿，我理解赵先生的心情，但是精神损害也要有相关的依据，而不能这样简单地量化，况且他已经和开发商和解了，即使是失去女儿的悲痛在法律上也不能重复救济。

针对赵先生及其他 7 位业主的房屋出现的问题，笔者分析可以从两个方面入手解决。

第一，先进行证据的调取和固定。赵先生及其他 7 位业主的家里都有不同程度的装修问题，证据很有可能转瞬即逝，需要尽快固定下来。我们可以采取找检测机构实地做检测的方式对每位业主的房屋详细地进行了解。就当时的情况来看，装修公司的违规之处还是比较明显的，因为笔者之前和同事去赵先生家里时就发现起码厨房是不符合《住宅设计规范》的。找到所有的违法违规之处是为我们开展下一步诉讼工作做准备。

第二，发现问题之后，通过民事诉讼的途径争取利益最大化。赵先生和开发商约定的是 2016 年 12 月 31 日前交房，但是到目前为止，仍然没有交付质量合格且符合国家设计规范的房屋，明显属于逾期交房，按照合同可以主张违约金。与此同时当然有理由要求开发商和装修公司继续维修。因为交付的房屋存在严重的装修质量问题，所以还可以主张返还精装修的造价差额款，也就是约定房屋装修费用与实际装修费用的差价。

听完笔者的诉讼策略之后，赵先生和其他几位业主当即决定委托我们作为代理人。笔者和所里其他两位律师组成了专项的诉讼团队，开始了和赵先生一起维权的日子。

接受了赵先生等 8 位业主的委托，我们立即展开了工作。按照笔者的诉讼策略，业主们首先委托检测机构对于室内装修进行检测。要选择哪一家机构可让业主们犯了难，大家也都意见不一，选了 5 天都没有敲定检测机构，但是证据需要尽快确定下来，还是能越快委托越好。不知如何是好的赵先生找到了笔者，笔者凭借多年办理房地产案件的经验帮他们推荐了一家口碑不错的机构。业主们经过反复的对比协商最终确定委托笔者推荐的机构。委托了检测机构之后，我们一边等待结果，一边开展下面的工作。

接下来，笔者按照时间先后的逻辑顺序，依据业主们当初的房屋验收单，分别整理罗列出了收房中存在的各种各样的问题。同时笔者通过天眼查、企查查、中国裁判文书网、最高人民法院失信被执行人名单等途径查询了开发商和装修公司两家公司的基本工商档案和涉诉情况。查询结果让我们有了新的发现，涉案的装修公司在 2011 年的时候因为装修的问题被 30 多位业主起诉，而且正是因为这件事让其法定代表人进入了最高人民法院失信被执行人的名单之中。对于我们来说，虽然这些不能算做直接证据，但这也是一个重大的发现，让我们更加"知彼"，给我们接下来的工作提供了一些思路。事实证明，知己知彼，方能百战不殆。

与此同时，检测结果出来了，经过检测，我们发现了业主们家里的很多地方都和《住宅设计规范》不符。比如根据《住宅设计规范》的规定，客厅的使用面积应当不少于 10 平方米，阳台栏杆的设计必须采用防止儿童攀爬的构造，栏杆的垂直杆间距不应大于 0.11米，放置花盆处也必须采取防止坠落的措施，无前室的卫生间的门不应当直接开向起居室（厅）或厨房等。赵先生的房子是两居室，客厅和餐厅是连接在一起的，厨房在餐厅的南侧，卫生间在餐厅的对面。客厅和餐厅中间没有任何的隔断，只是装修的人做了简单的区分。客厅阳台的栏杆的间距为 0.16 米，没有达到垂直杆间距 0.11 米以内，同时没有任何的防止花盆掉落的措施。卫生间的门肆无忌惮地直接开向客厅，厨房没有安装抽油烟机也没有为抽油烟机设置位置……仅赵先生一家就检测出来了三十几处违反设计规范的地方，其他的业主家里和赵先生家的格局大同小异，也是漏洞百出。面对这样的检测报告赵先生等人非常生气，但是这对于我们维权来说也是一个利好的消息，房屋存在的问题多也为我们保障权益争取了更多空间。

【整装待发，做好开庭准备】

检测报告出来之后笔者又和业主们一起开会讨论了我们接下来需要准备的工作。我们主要讨论了以下几个问题：第一，因为我们想要主张返还精装修的造价差额款，所以笔者建议业主们找鉴定机构做装修的造价鉴定。虽然法官有可能对于业主们自己找的鉴定机构做出来的鉴定结果不认可，但这也不是必然的，最坏的结果是法官不认可，那我们也可以申请法院鉴定来解决这个问题。第二，业主们需要把现在手中留存的和开发商、装修公司沟通对话的一系列录音、录像等证据给笔者，尤其应该把样板间的宣传材料给笔者，由我们律师进行筛选。第三，接下来律师准备撰写起诉状。关于撰写起诉状，在诉讼被告的设计上，有一些争议。事实情况是，业主们和开发商之前签署了《商品房买卖合同》，同时开发商又让第三方装修公司和业主们签署了一个装修合同，在法律上这可能是两种法律关系，一个是房屋买卖关系，一个是装饰装修关系，而业主要求解决的问题又是房屋质量问题和装修质量问题，这两种法律关系下的问题是否能在一个诉讼中解决是有顾虑的。但我们最终还是将开发商和装修公司同时作为共同被告起诉。为什么要这样设计呢？笔者的考虑是开发商在其宣传资料及允诺内容中已经确定业主们所买的房屋为精装修的房屋，开发商所提供的合同应当包括购房合同和装修合同两份合同，并且代金券中也说明了开发商收取的房款是包含装修款项的，我们当然有理由认为装修合同就是购房合同的补充，其效力也应当及于开发商。这样的设计确实有风险：可能法官对于这个问题持不同的态度，认为开发商不是装修合同的相对人，从而开发商不需要承担相应责任。对于风险有了这样的预测之后，笔者再一次和业主们开会解释了这样设计的理由，并且告诉了他们可能面临的风险以及可能出现的结果。这样的设计业主们并无反对，都赞同笔者的观点。对于律师来说，预测风险和可能出现的结果是对客户负责以及专业性的表现。

确定了被告，接下来设计诉讼请求。按照之前的诉讼策略，首先，我们主张逾期交房的违约金，从约定交房之日开始到实际履行之日止，同时主张被告共同承担继续装修的责任。其次，由于被告装修不合格，没有达到合同中约定的交房标准，所以，我们主张被告对于返还精装修的造价差额款承担连带责任。就在我们撰写起诉状的当天，鉴定机构的鉴定结果出来了。赵先生的房子经过鉴定，其装修价值为 156 980 元，其他业主的情况也都好不到哪去，最高的 20 多万，最低的 10 万刚出头。这样的鉴定结果，让业主们更加坚定了维权的信心。

写好了起诉状，笔者带着业主们去法院立案。立案当天天朗气清，我想，这也鞭策着我们一定要给图图一个圆满的交代吧。

【你若安好，便是晴天】

2018 年 3 月 20 日上午 10 点，赵先生等 8 位业主与开发商和装修公司的纠纷在法院开庭审理。我方起诉的主要理由是房屋装修和房屋质量均存在严重的质量问题，所以装修公司和开发商应该共同承担维修责任，并且由于开发商和装修公司交付的房屋阳台的栏杆间距不符合《住宅设计规范》，房屋不具备法定的交房条件，所以两被告应该承担逾期交房的违约责任等。果不其然，被告开发商的答辩意见和笔者之前预测的一致，主要表达的观点就是：其不是装修合同的当事人，装修款不包含在购房合同中，合同约定的是交付毛坯房，故其不应当承担相应的责任，也不存在欺诈行为。而且，开发商特别说明，房屋竣工验收时阳台的栏杆间距是符合《住宅设计规范》的，只是在交付给装修公司后，由装修公司改变了房屋的设计，拆除了原有阳台的栏杆，重新进行了安装，结果新安装的栏杆之间的间距确实违反了《住宅设计规范》。对此事实，装修公司也予以认可。

笔者和被告经过辩论，法官总结我们双方的争议焦点集中在这四个方面：一是开发商是否为本案的当事人；二是装修价款是否包含在购房款中；三是装修质量是否存在问题；四是开发商及装修公司是否应该承担连带责任。

对于我们单方申请的造价机构所作出的造价结果法官没有采用，也并未受理我们申请由法院委托鉴定的请求，这也是笔者预料之中的了，并不意外。

最后，法院的观点也和笔者之前预测的一样：

（1）认为赵先生与开发商签的《商品房预售合同》和与装修公司签的装修合同不属于主从法律关系，这两个合同是两个独立的合同，从效力上、移转上和消灭上都不具有从属性，所以开发商不是装修质量问题的当事人。

（2）法院认为购房合同中约定的40万元的装修费是装修和改造的总价款，并不是装修的具体标准，而且业主并未实际支付40万元的装修款，这是开发商赠送的部分，所以要求返还装修款差额法院不予以支持。

（3）房屋存在的所有装修质量问题，业主均提供了录像、检测报告、照片等证据证明，应该由装修公司负责维修，维修到符合相应的规范标准。

（4）关于阳台栏杆的间距确实违反了《住宅设计规范》，对业主的居住产生了实际的影响，所以装修公司应该承担赔偿责任。但是业主主张开发商承担连带责任，没有法律依据和合同依据，为此开发商不应该承担责任。

最终，法院根据我们装修合同中的约定判决装修公司向我方支付十多万元的违约金。虽然法院没有判决开发商和装修公司承担连带责任，但是这个结果也让笔者很欣慰。因为毕竟对于这样的结果已经有了一定的预期。赵先生等8位业主的房屋风波终于告一段落。我们都一致认为赵先生为了这件事情是尽了自己全力，也算是给了囡囡一个交代。

【办案总结】

这个案子给笔者的感触良多，我想关于一个案子的总结不应当仅仅限于业务上的总结，虽然办的是案子，但感受的是生活。

房屋质量问题和装修质量问题在生活中都很常见，但是可能很多朋友区分不开什么是房屋质量问题什么是装修质量问题。这里帮大家做一个区分，一般来说开发商交的房屋是毛坯房，之后我们对于房子的装饰是房屋的装修工程，比如安装的吊顶、贴的壁纸、瓷砖等，可以简单理解为开发商把房子生产出来，装修公司给房子穿上衣服。常见的装修质量问题有踢脚线墙面不平；吊顶与楼板以及龙骨与饰面板结合不好，或承重过大，吊顶坠落；冷热水管混接、胶水外溢、打胶粗糙；电线没有套绝缘管、随意拆改水路；壁纸有划痕或者破损、阴水、不平整；瓷砖有破损、家具损坏或者甲醛超标；瓷砖勾缝过大等。那么什么是房屋的质量问题呢，比如屋面漏雨；烟道、排气孔道、风道不通；室内地坪空鼓、开裂、起砂、面砖松动，有防水要求的地面漏水；厕所、厨房、洗澡间倒坡积水；内墙板潜水，阳台积水；水塔、水池、有防水要求的地下室漏水；室内上下水、供热系统管道漏水、漏气、暖气不热，室内外上下水管道漏水、堵塞；钢、钢筋混凝土、砖石砌体结构及其他承重结构变形、裂缝超过国家规范和设计要求等。对于装修出现的问题，应当根据合同的相对性向装修公司主张权利，对于房屋的质量问题，向开发商主张权利，除非开发商提供的房屋就是精装修的房屋，不是另外签署装修合同的，这就只有一种房屋买卖的法律关系了。

其次提醒大家，一般我们签装修合同的时候都会约定装修公司在哪个房间使用什么品牌的材料或者同档次的材料。因为大家对

"同档次"的理解是不一样的，所以很容易产生纠纷，发生纠纷也不容易解决。就比如买冰箱，您和装修公司约定买海尔的或者同档次的，您认为西门子是同档次，但是装修公司认为美菱是同档次，所以大家有了分歧。但是这几个牌子到底是不是同档次呢，并没有标准的答案。要想解决这个问题也很简单，您可以在合同中明确约定就安装某某品牌某某型号的冰箱，不要选择同等档次或者同等型号就可以了。

最后，不能只听售楼小姐的片面说辞，开发商是否真诚地想要向您交付精装修的房子，您就看购房合同中有没有相关的约定。看看合同中约定的精装修是否有具体的价格标准？比如每平方米3000元的装修标准。看看合同中对于装修的材料或者设备是否有具体清楚的品牌约定等。切莫听个热闹，不看合同。

关于这个案子更多的感受来自囡囡，孩子是无辜的，当一个结果发生了，原因往往不是单一的，用法言法语来说原因往往是多因一果。装修公司不负责任固然可恨，但是赵先生对于孩子的疏忽也一样不可推卸。也许这个案子给笔者印象太过深刻，现在只要看到阳台上的栏杆都忍不住会想到囡囡，也是囡囡时刻提醒笔者做任何事都要细心负责。每个从笔者手中"生产"出来的法律文件都带着烙印与责任，时时刻刻提醒着自己的重任。

法条链接：

利字旁边一把刀

—— "良心" 开发商借款买房

【第一次帮助：绝对低价】

北京市某繁华地段，作为全国知名的购物中心、潮流地带，吸引了无数人慕名而来，街道上人流如潮，或是三五一行喜笑颜开，或是驻足拍照，都在欣赏着这片灯红酒绿的地方。熙熙攘攘的人群、此起彼伏的笑声，这样的情景一直持续到后半夜却仍未停息，此时，路边拐角的火锅店里，一行人正在火热地聊着天，推杯换盏之间，已经显得有些醺醉。

"王哥，咱们公司新开盘的房子能不能便宜点卖我一套？"一个中年男人一边说着一边向另一位看似领导的人敬酒。

"老张，你这话见外了，先不说咱们一起进祥瑞公司一起工作十几年的份上，单就看在咱们也是多年邻居的份上，别说便宜点，到时候钱不够了，贷款公司都能帮你搞定。"说着就喝了一大口酒，很是痛快。

"行，有您这句话我就放心了，后天我就找您签合同交定金，咱们尽快把这事办了，在此也有劳各位销售部的同仁了。""没问题，包我们身上！绝对低价！到时候来签合同就行，都给你预备好！""好！"

一杯酒进肚，张先生心里也踏实了许多，本以为涉及钱的事，即便是十几年的同事也难以接受，没想到十年的同事情义，高升到祥瑞公司二把手的王总依然念着旧情能帮自己的忙，毕竟随着老邻居的升职早已不在一个部门，想到这里，张先生也是心里一暖。

一番热闹的谈话，这看似正常的交易算是初步达成了合意。

【顺利签约，心花怒放】

2002年11月1日，也恰逢聚餐之后的第二天，张先生趁热打铁，平时9点才到单位的张先生更是早早就来到了销售中心坐在大厅等着王总的到来，销售部门的接待人员很是热情，虽然与张先生不在同一个部门，但是经常看到张先生与顶头上司在一块有说有笑，更是断定了两人关系匪浅，想到此便愈加殷勤。

聊着聊着，正巧王总到了大厅看到了张先生，一番闲谈，王总示意销售人员帮助张先生办理手续。让张先生倍感意外的是，王总早就将合同按照当时说的细节拟定好了，只等张先生过来签约，这让张先生倍感欣慰。看到王总如此注重这件事，更是连合同都没有仔细看，选好房子就立即在《商品房买卖合同》和《商品房买卖合同补充协议书》（以下简称"补充协议"）上签了字，约定房屋将于2003年12月31日前交付，当天张先生就向祥瑞公司交了3万元的定金，约定剩余房款采取银行按揭方式支付，剩余的首付款张先生也会在一周内交给祥瑞公司。

如此顺利地签约，让张先生很是开心，心想按照自己的工资收入，不到20年房屋贷款也能还清了，想到这里，张先生的脑海里已经开始计划如何装修自己190多平方米的房子了，一家人其乐融融的画面也着实美好。

【第二次帮助：借款买房】

就在签完合同的第三天，张先生家人突然生病住院，也因此花费了一笔高额的治疗费用，最终家人的病情得以缓解，却也让张先生再无力支付剩余的房款，想到这里张先生亦是夜夜难眠。虽然房子是好房子，价格也是优惠中的优惠，想想自己奋斗至今的梦想即将破灭，也是心痛难当，但是看着躺在病床上的家人，想想退房也罢，毕竟没有什么比一家人的健康和快乐更重要的。心里下了决定，张先生便要打电话向王总说一声，兴许看在同僚的情义上能把定金

退了。正要拨打电话之时，就看到了王总的电话闪烁在屏幕之上。

"老张，家人怎么样？"

"好多了王哥，这不刚做完手术，您看这房子……"张先生急切地问道。

"放心，你的情况我都清楚，但是放弃了房子是真的可惜，你看这样吧，公司把你剩余的首付给交了，具体的流程，咱们见面再说，你看怎么样？"

张先生一想，哪有这么好的事，但是陷入窘境的张先生也只得去试试看，毕竟王总对他不薄，成与不成总不至于害了他。

2002年12月1日，张先生便与祥瑞公司人员见了面，经过双方的不断考量，最终达成了"借款合同"，根据"借款合同"约定：由祥瑞公司出借张先生剩余首付款37万元，借款期限为6个月，如张先生逾期还款，不但要按照逾期的天数向祥瑞公司支付违约金，而且如果逾期支付超过30%，祥瑞公司就享有解除借款合同和商品房买卖合同及补充协议的权利。借款合同签署后，祥瑞公司同时向贷款银行出具张先生已支付20%购房款的付款证明，以此协助张先生获得贷款。

【第三次帮助：连带保证】

2002年12月4日，张先生、祥瑞公司与银行签订了《个人住房按揭借款合同》，约定银行向张先生贷款160万，并由祥瑞公司作为保证人对张先生的借款承担连带保证责任，即张先生未能依照合同约定按时还款的贷款本息，银行有权要求祥瑞公司承担保证责任。

至此，张先生也算舒了一口气，在签完合同以后，祥瑞公司也按照合同的约定为张先生办理了房屋预售登记备案、贷款办理后也直接放贷到祥瑞公司的账户中。虽然偿还首付款的时间短了些，但是祥瑞公司也口头承诺可以适当放宽，让张先生放心，加上王总这个老熟人，张先生自以为已经万事大吉。合同依约履行，张先生也在持续还贷，也一直天真地以为只要还上钱就能得到房子，只是不成想这却是情义掩盖之下的黑洞。

【十年不交房，一审怒告老东家】

2003 年 3 月和 5 月，张先生也曾去看过房子，但是房子根本未曾动工，施工现场甚至都未进行清场，年底交房眼看是不行了，但是看在公司帮助自己的份上，也就没再追究责任，想着交房就行，并没有考虑很多。同时，也因为没有交房，所以张先生对于祥瑞公司的首付款借款也就没有偿还，对于银行借款也不再还款。

张先生在家人病情痊愈后，便离开了原来的房地产公司，做起了建材生意，虽然在创业初期遇到了很多困难，一度濒临破产，但凭借多年的人脉关系，恰好赶上北京房价飞涨的好光景，也算是有惊无险地做了起来，一时间手里有了不少余款，便在 2013 年 3 月联系了贷款银行将剩余 100 多万购房款、滞纳金、违约金、利息等一次性支付给了银行，履行了还款义务，银行也向张先生出具了"贷款结清证明"。

由于张先生一直没有偿还祥瑞公司的借款，就想着将欠祥瑞公司的钱还上，违约金及利息照付。怀着感恩的心态，张先生找到祥瑞公司想要还给公司借款，但是此时早已物是人非，十年光景老熟人转身便成了陌生人，从开始的热情熟络到闭门不见，哪里还是原来的"王哥"。最终，张先生好不容易询问到一个知情的员工，张先生却被告知 110 号房屋早已经卖给他人，而且已经交付。听到这个消息，张先生脑海中如同一道闪电划过，辛辛苦苦付了钱，房子却给了别人？难道钱都打水漂了？究竟怎么回事？一瞬间的无力感，让张先生直接晕了过去，醒来后被医生告知，好在只是受了点刺激，休息一下就好。

虽然人没事，可张先生心里却是难受得很，理了理思绪，便一纸诉状将老东家告上法庭，要求祥瑞公司继续履行合同，向张先生立即交付房屋并支付逾期交房的违约金。而被告祥瑞公司答辩并提出反诉：认为张先生与公司签订了《商品房买卖合同》、"补充协议"及"借款合同"，其中"借款合同"约定，张先生逾期付款已经超过 30 日，公司有权解除合同，催缴付款及解除合同的书面通知已经于 2003 年 7 月、9 月、11 月送达双方签署《商品房买卖合同》时约定的通信地址处；被告祥瑞公司同时向法官提交了 2003 年 7 月至 2008 年 8 月期间，因张先生未向银行交纳贷款，为了保住这套房子，由公司代为交纳贷款的银行流水记录，以此证明张先生未依约履行交纳购房款的义务，要求张先生根据"借款合同"解除合同，偿还代缴的房款，并承担违约金。

【一审败诉，二审寻求律师帮忙】

找到笔者时，正是张先生刚收到一审判决的当天，一审之中，几轮唇枪舌剑下来，虽然张先生已经举证了履行付款合同的事实，但是，一审法院仍旧支持了被告祥瑞公司的反诉请求，认定《商品房买卖合同》、"补充协议"以及"借款合同"合法有效，双方自愿签署。由于张先生并未按照借款合同约定履行偿还 37 万元首付款借款的义务，且于 2003 至 2008 年间停还贷款，以致祥瑞公司代其偿还本息承担连带保证责任，故张先生已经构成违约。

最终法院因张先生存在逾期还款的行为，且逾期还款的时间已经达到合同约定的解除期限，为此驳回了张先生一审的全部诉讼请求，判令双方解除《商品房买卖合同》及"补充协议"。

如此判决，可以说是赔了夫人又折兵，十年的时间特别是熟知房产行业的笔者而言，特别是在房价一天一变的北京，早已不可能以同样的价格购买到如此规格和地段的房屋，现在的市价早已翻了几倍不止。

看着张先生憔悴的脸，笔者心里五味杂谈，当下笔者仔细地阅读了相关的全部证据材料。

【梳理案情，穷尽分析】

看完判决，笔者心里也有了个大概，也对案件事实进行了系统的梳理。通过梳理，笔者向张先生说了说目前发现的本案在一审中并未予以审查清楚的关键问题：

（1）《商品房买卖合同》、"补充协议"、《个人按揭住房借款合同》与"借款合同"并不属于同一法律关系。就商品房买卖而言，属于买卖合同法律关系，张先生已经向银行履行了付款义务，并向银行支付了相应的逾期滞纳金、利息、违约金等款项，房屋抵押权已经消灭，房屋所有权应根据合同约定属于张先生所有。而"借款合同"属于债权债务法律关系，祥瑞公司所述的欠付款项性质系借款而非购房款，并不属于本案的审理范围，应由祥瑞公司就借款事宜另行起诉。

（2）《商品房买卖合同》中约定祥瑞公司的交房时间是 2003 年 12 月 31 日前，但张先生多次去现场核实过，现场多年来并未施工，瑞祥公司并没有按照约定的期限交付房屋，本身就构成了违约。在祥瑞公司违约，房屋何时予以交付并不确定的情况下，张先生拒绝还款及拒绝还贷，这是在行使不安抗辩权。虽然这个观点不是必然能得到法院的支持，但是祥瑞公司多年来未能交房，这说明其本身也是有过错的。

（3）一审法院依据双方所签署的借款合同中的违约条款来认定祥瑞公司具有解除《商品房买卖合同》的权利，这是一审法院将双方所形成的商品房买卖合同关系和借款合同关系混同导致的。

（4）祥瑞公司本来就是违约方，而违约无权提出解除合同。退一步讲，祥瑞公司在一审中所提供的书面解除文件，并未实际送达到张先生手中，庭审中也未举证支持其送达成功的证据。因此本案于 2013 年审理时，祥瑞公司早已超过了解除权行使的期限，祥瑞公司不能再单方行使解除权。

（5）张先生曾在借款以后分别向祥瑞公司进行过还款，其汇款凭证中也明确写明是向祥瑞公司还款，可见其意思表示也仅仅是偿还借款，而非购房款。而且，张先生后期拒绝还款也是基于开发商逾期交房的考虑，作为普通购房人来说这是最朴素地保护自己的方式了。

（6）就本案贷款的流向来看，在张先生与祥瑞公司办理完"个人住房按揭借款合同"后，不日，祥瑞公司便已经获得了来自银行的打款。可以说，贷款的实际使用人是祥瑞公司，自 2002 年 12 月至今，已长达 11 年，解除买卖合同无疑是对买受人张先生利益的严重损害，不利于双方利益的平衡。

（7）案涉的110号房屋，已经被开发商以"符合交付条件"的形式高价卖给了第三人，存在一房二卖的违法情形。同时，就张先生回忆，案涉房屋竣工较晚，目前仍是毛坯状态，而且祥瑞公司是在未与张先生达成解除协议的情况下，出售给第三人，是否具有恶意串通的情形，一审法院并未查明，这说明一审法院事实认定不清。

听完笔者的分析，张先生瞬间感觉气色好了许多，直言一定要笔者代理。笔者也提醒张先生，虽然一审存在很多事实认定与法律适用的问题，就笔者的经验来说，二审维持原审判决的概率是比较高的，所以还需要更深入的调查，对于证据进行新一轮的补充。张先生也是满心认可，此前张先生已经咨询过很多律师，也深知二审存在的风险，但笔者是让他感到沟通比较舒服和专业的，其个人也表示会全力进行配合。

【开展调查，新一轮的战斗】

在张先生委托笔者进行代理后，笔者深知时间紧张，当天连夜书写了针对一审判决的上诉状，明确表示张先生已经依照合同约定按期支付购房款，其拖欠的37万首付款系欠款，祥瑞公司无权依据借款合同主张《商品房买卖合同》解除。而且，在张先生清偿所有贷款，办理了案涉房屋的预售登记的情况下，已经具备全部履行的条件，请求法院撤销一审判决，驳回祥瑞公司一审的全部诉求。

第二天，笔者将上诉状交到一审法院后，由于一审中，对于房屋是否符合交付条件并未加以认定，而且房屋的竣工时间也是亟待核实的问题，笔者便立即展开了新一轮的调查取证工作。

为此，笔者当天向相关政府部门进行了调查，申请调取案涉房屋所在小区的竣工验收备案手续、规划验收合格证明等文件，同时就张先生2003年的还款行为调取了银行流水账单，计算了逾期交房的违约金等数额。

为了让案件更加清晰，笔者也曾至法院与一审法官进行过详细的沟通，听到笔者的观点，一审法官也是略有动容，不出几日便将上诉材料卷宗进行整理，送至了二审法院，这也让笔者更加确定笔者的观点很有可能会被采纳，而现在万事俱备只待东风。

【东风起，二审大获全胜】

几日后，笔者的调查材料回来了。根据调查结果显示，涉案房屋所在小区竣工备案日期为 2010 年 7 月，而祥瑞公司与第三人签订的合同是在竣工验收备案之前，这就使得祥瑞公司庭审所述的"符合交付条件"的意见不攻自破！

二审开庭后，法官对于笔者提出的问题点进行了详细的审查，最终二审法院认为：《商品房买卖合同》并非指的是"借款合同"中的"合同"，这是两个不同的法律关系，张先生已经依法履行了支付购房款的义务。而张先生所拖欠的系借款，并非购房款。祥瑞公司对于送达解除函的事实，也并未尽到合理充分的举证责任，不予认可，视为自动放弃解除权，同意继续履行合同。

对于祥瑞公司所述的已经出卖给第三人并已交付的事实，鉴于竣工备案取得时间在合同签订之后，并不符合合同约定的交付条件，对此事实不予认可。

此案最后以双方继续履行合同，张先生赔付借款作为终审判决，判决出来后张先生亲自到笔者的办公室表示感谢。十年光景，已经让眼前的这位中年人从少年变得老成，想来今后也一定会越来越好。

【律师分析】

在笔者处理的商品房买卖纠纷中，此案也算是比较特殊的一种，涉及了一房二卖、逾期交房、房屋买卖合同和借款合同等一系列法律问题。当然，类似本案中开发商借款给当事人的情况也是屡见不鲜。但作为购房者，千万不要以为开发商借钱给你是件好事，多数开发商是为了以看似潇洒的方式借钱给买受人去支付首付，待银行审核通过后，以便获取更高额的贷款用于投资建设。简单来说，以不到房款 20% 的钱获取房款剩余 80% 的贷款，到时候还能要求购房人还款，对于开发商来说可谓是稳赚不赔！殊不知，在整个购房过程中有着无数的陷阱。

（一）签订《商品房买卖合同》，房款支付上需要注意的事项

1. 买房要量力而行

实践中，很多购房人没有足够的经济能力购买商品房，往往凭借开发商提供借款实现了购房的目的。但是，天下没有免费的午餐，开发商的钱不可能白白给购房人使用，最后可能会发生各种各样的纠纷。为此国家各个政府部门都发布了相关的规定，限制开发商通过这种方式促销房屋。

2017年，住房城乡建设部、人民银行、银监会联合发布了《关于规范购房融资和加强反洗钱工作的通知》（建房〔2017〕215号），通知中明确规定："严禁房地产开发企业、房地产中介机构违规提供购房首付融资。房地产开发企业、房地产中介机构不得为购房人垫付首付款或采取首付分期等其他形式变相垫付首付款，不得通过任何平台和机构为购房人提供首付融资，不得以任何形式诱导购房人通过其他机构融资支付首付款，不得组织'众筹'购房。"

在河北省，河北省住房和城乡建设厅也发布了《关于开展全省商品房预（销）售专项排查整治的通知》，通知中明确禁止开发商为购房人垫付首付款或采取首付分期等其他形式变相垫付首付款，提供或与其他机构合作提供首付等其他违法违规的金融产品和服务。

因此，如果购房者一旦遇到了开发商主动提供首付贷、分期贷等融资服务时，一定要格外注意。开发商的这种行为很有可能是违反法律规定的，购房者如果接受了开发商的这种融资服务，后期面临的不只有高额的银行房贷，还可能会承担利率更高的开发商借款利息。

2. 开发商违约，购房人是否能拒绝偿还银行月供

首先，我们要清楚，购房人和开发商签署的《商品房买卖合同》，这是一个商品房买卖合同关系；购房人和银行签署的按揭贷款合同，是借款合同关系；这是两个不同的法律关系，有联系也有区别。虽然都和房子有关，但还是属于两个法律关系。

其次，在开发商违约的情况下，购房人不能以此对抗按揭贷款合同中的还款义务，因为这是不同的两个法律关系。如果购房人因

为开发商逾期交房，就拒绝偿还银行的月供还款义务，那么银行有权利解除借款合同，要求行使抵押权拍卖房屋。所以，购房人一定要注意不能随意拒绝还贷。而且购房人一旦出现逾期还贷的情况，银行还会把购房人的不良记录记在个人诚信档案中，这个记录会伴随购房人的一生，也会影响购房人之后的贷款审核。

最后，在银行和购房人的按揭贷款合同中，开发商往往都承担阶段性连带担保责任。比如，在购房人逾期偿还银行月供的时候，银行往往是先从开发商的保证金账户中予以扣除，等到开发商的保证金全部扣除后，银行就要诉讼要求购房人清偿贷款，最终通过拍卖房屋取得自己的债权。

（二）如何预防一房二卖？

1. 尽快办理商品房预售备案登记

所谓商品房预售备案登记，是在房地产开发企业和购房人签署买卖合同之后，由房地产开发企业通过信息系统在一定的期限内向房地产主管部门申请办理网上登记备案，从而向社会公示特定的房屋已经出售的事实。

如果房地产开发企业将一套房屋分别出售给了不同的购房人，一位购房人已经办理了预售备案登记，另外一位只是签署了购房合同，并没有办理备案登记，在合同都没有进一步继续履行的情况下，法院应该优先支持办理备案登记的购房人的权利。因此，建议购房人在签署了购房合同后一定要尽快催促开发商办理《商品房买卖合同》预售备案登记。

2. 尽快完成交易，或尽量实际控制和使用房屋

实践中，一房二卖的纠纷非常多，那么法院在处理这类纠纷时的裁判规则是什么呢？

根据《北京市高级人民法院关于审理房屋买卖合同纠纷案件适用法律若干问题的指导》第 13 条的规定，出卖人就同一房屋分别签订数份买卖合同，在合同均为有效的前提下，买受人均要求继续履行合同的，原则上应按照以下顺序确定履行合同的买受人：

（1）已经办理房屋所有权转移登记的，优先履行；

（2）均未办理房屋所有权转移登记，已经实际合法占有房屋的

购房人优先履行；

（3）均未办理房屋所有权转移登记，又未合法占有房屋，应综合考虑各买受人实际付款数额的多少及先后、是否办理了网签、合同成立的先后等因素，公平合理地予以确定。

3. 在合同中清楚明确地约定违约责任

购房人在签订《商品房买卖合同》时，应尽量明确和清楚地约定"一房二卖"的违约责任，而且这种责任必须是可以操作、可以量化的。比如，可以约定一旦开发商将该房屋另行出售给其他人的，开发商应该承担违约责任，购房人有权要求开发商继续履行合同并承担总房款 20%的违约金，也有权解除《商品房买卖合同》并要求开发商退还购房人已经支付的全部购房款及同期人民银行贷款利息、赔偿银行贷款（利息部分）、支付房屋总价 20%的违约金及房屋总价一倍的赔偿。通过这样的约定，可以限制开发商胡作非为，一旦开发商胡作非为就要付出严重的代价。虽然这样的约定，法院有可能会调整违约金的数额，但是这样的约定毕竟具体和明确，具有可执行性，至于法院的自由裁量，那只能是由我们据理力争了。

法条链接：

陋室无铭

——细品收房

【前　言】

对于普通老百姓，特别是工薪一族来说，买房是人生中尤为重要的大事之一。在买房成为每个人的刚性需求和开发商愈发狡诈的今天，业主们好不容易摇号买到了期房，但到了收房环节，因为不具备收房方面的专业知识，对于开发商要求签署的文件，业主们不知道能不能签，开发商要求交的一笔笔费用也不知道该不该交，就像任人宰割的羔羊。本节便是业主在收房过程中发现了一系列问题，在与开发商沟通无果的情况下，果断委托笔者代理收房的故事。

【案情回眸】

（一）集体买房，春风得意马蹄疾

2015 年的春天，北京某高校的老师们经过内部讨论和多次看房后，最终约好集体购买某大型国企的期房。该楼盘就在高校附近，上下班便利，中午还能回家小憩；左邻右舍都是多年的同事，不用担心遇到奇葩邻居；集体购买有折扣，不用单枪匹马地跟开发商谈优惠；国企大品牌值得信赖，不会担心买私企的房产烂尾。

在和开发商签署了《北京市商品房预售合同》后，业主们对自己购买的楼盘也格外上心起来。每每上下班的路上都要 45 度角抬起头看下自己买的楼盘，今天修到第几层了，大概一个月可以修多少层，会不会提前完工等。幻想着一年多后就可以从学校破旧不堪、没有电梯的宿舍楼搬出去了。未来的房子该有多么得窗明几净，坐在客厅大落地窗边的摇椅上，看着书，喝着茶，赏着花，生活也能过成一首诗。

（二）验房维权，愁云惨淡万里凝

盼望着、盼望着，终于等来了开发商发来的收房短信。犹记得业主们约好验房的那天，没有雾霾，蓝天白云，一切都是好兆头。可打开房门的那一刻，眼前的一幕却让业主们惊讶得不知所措，抬起的脚不知该跨进去还是收回来。

映入眼帘的是，一根根比大腿还粗的管道裸露在客厅的墙顶，明明阳光明媚但室内却有点阴冷，走进去看，客厅和卧室不大的通风面积被分成4块或6块窗户，且只有一小扇窗可以打开，不用测量就可以看出，即使两扇窗户都是可以打开的，正常成人也根本无法从窗口出去进行安装空调的操作，连空调室外机都无法通过该窗口运送。一楼有些单元的客厅窗户正对着地下自行车库的出入口和通风口，本来就不大的窗户，采光和通风就更受影响。

诗和远方的生活至少目前看来是无法实现了。

业主们各种找售楼处、拉关系找开发商领导，但开发商每次都是回复说你们的问题我们知道了，等报告董事会后再告诉你们方案诸如此类敷衍的话。刚开始，业主们还翘首等待着开发商董事会的答复，以为开发商会考虑到社会影响与业主们沟通问题解决的办法，但时间如白驹过隙，房子依旧如第一天看到的模样，事情没有一丁点儿好转，开发商甚至说再不收房你们可要承担逾期收房的违约责任了。

（三）律师出马，柳暗花明又一村

在经历了一次又一次等待后，高校的老师即业主们清醒地意识到董事会的答复是不会有的，要想给开发商来点狠的，还是得委托律师收房，只有律师才知道如何正确收房，如何才能最大程度避免损失，维护权利。于是，该高校的200多名业主找到了笔者，委托笔者代理收房。

笔者给业主们分析如下：

验房并不是简单地看下房屋外观和质量，开发商向业主交房应注意以下要点：

（1）必须有满足交付条件的相关文件，比如要通过消防、人防、竣工方面的验收。

（2）符合房屋居住条件。比如房屋是否符合《住宅设计规范》的标准，厨房、客厅、卧室面积是否符合最低面积标准，窗地比（即采光）是否达标，是否接通市政用水、用电。

（3）是房屋质量问题，比如精装修房屋一般都装修质量差、甲醛超标，而毛坯房一般墙面都存在空鼓等。

听完笔者的分析后，业主们纷纷表示原来收房还是项如此复杂和烦琐的工程，看来请律师是对的，自己之前发现的问题可能只是冰山一角。

同时，笔者还建议委托的业主们商议并最终签署了议事规则和表决机制。因为集团诉讼在需要大家决定一件事情时，可能会因为每个人的想法不一致而导致无法下结论，特别是在将要看到维权成功的曙光时，这时候律师就会拿出大家之前签字的议事规则和表决机制来做决定。

（四）着手验房，房屋问题令人瞠目结舌

接受委托的第二天，笔者就来到该小区开始验房：

1. 验房第一步，要求开发商出示相关文件

在业主代表的带领下，笔者来到售楼处，出示了业主们的授权收房委托书，笔者要求开发商根据与业主签订的《北京市商品房预售合同》及相关法律法规政策的规定，提供《住宅质量保证书》《住宅使用说明书》《建筑工程质量认定书》《住宅工程质量分户验收表》、规划核验验收合格文件、建设工程竣工验收合格证明文件、《房屋面积测算技术报告书（实测绘）》。同时，根据《消防法》的规定，交付使用的房屋应该经过消防验收合格，所以，开发商还应出示该房屋的消防验收合格证明（或者是《建筑工程消防验收意见书》）、备案证明等符合法定交房条件所需的文件及手续。而且，这些文件必须是原件。

在听了笔者要求开发商出示的 10 余项文件后，售楼处的售楼经理尴尬地整理了下领带，表示要想收房必须先在收楼文件上签字，再发批条到物业管理处去拿钥匙才可验房，且要补交一季度的物业费。

笔者表示：第一，先签收房单再收房违反合同约定及法律规定。第二，贵司要求我委托人补交一季度的物业费违法。根据《北京市物业管理办法》第 8 条之规定："建设单位承担前期物业服务责任。销售房屋时，前期物业服务合同应当作为房屋买卖合同的附件。前期物业服务合同关于物业服务是否收费、收费标准以及服务标准的约定应当符合本市相关规定。建设单位可以将全部专项服务委托给物业服务企业，也可以将专项服务委托给专业性服务企业。"意思是前期物业费由开发商承担，同时也要把设施设备管理、物业资质审核、物业人员管理等都具体承担起来，而且所有的服务承诺事项都要落实在前期物业服务合同之中。故，我委托人有权拒绝缴纳，贵司如不服可起诉至法院。

听完笔者的陈述，售楼经理表示可以先不签收房单，但笔者要求其出示的文件需要等他们请示董事会。

2. 验房第二步，查看房屋是否符合居住条件

在等待开发商出示文件的同时，笔者和业主代表先对其中一家业主的房屋进行检查。经过笔者细致严谨的检查，发现业主的房屋在是否符合居住条件上存在如下问题：

（1）存在多处违反住房和城乡建设部发布的国家标准《住宅设计规范》：房屋厨房面积小于 4 平方米，违反《住宅设计规范》中规定的正常房屋的厨房不小于 4 平方米的强制性规定；房屋的自然通风违反开口面积不应小于地面面积的 5% 的标准；房屋的卧室、客厅、厨房采光窗洞口的窗地面积低于 1/7；很多楼栋存在门洞开口宽度不达标问题；某些房屋的卫生间下水管道被接入客厅，裸露于卫生间外面，主卧门对面，客厅的角落里，违反《住宅设计规范》中规定的不得将卫生间直接布置在下层住户的卧室、起居室（厅）和厨房的上层，并应采取防水、隔声和便于检修的措施；一层下跃楼梯步高已远超 20 厘米，违反《住宅设计规范》和《民用建筑设计通则》等。业主购买的房屋及所在小区存在违反《住宅设计规范》的违规点多达几十余项。

（2）房屋未接通市政供水和市政供电：为了了解所购房屋是否接通了市政供水和供电，虽然带领验房的开发商工作人员一再说绝

对是市政供水和供电，笔者还是在维权沟通群中让业主选了代表去小区所在的供电公司和供水公司核实供电供水情况，并强调一定要让供电公司和供水公司出具书面的证明材料。根据供电公司和供水公司提供的纸质材料显示，该小区截至业主去调查的日期仍未接通市政供电供水。

后来通过笔者在小区的四处观察，发现该小区的用水居然是房产建设过程中私挖的一处水井，有的楼栋正在施工也是用的这处水井中的水，难怪从水龙头流出的水杂质很多。

同时，业主购买的房屋使用的是房产开发建设过程中的临时用电。临时用电的危害在于电压不稳，电涌情况严重，容易烧毁家电，一旦电网超载就会自动断电，让人难以采取有效的防范措施，从而造成家中的电器遭到损坏。另外，如果断电后相当长的时间内难以恢复供电，就会造成高层住宅供水中断等一系列问题，对生活的影响极大。

根据业主与开发商签订的合同约定，开发商在交房前必须接通市政水电，由此可见开发商存在严重违约。

3. 验房第三步，全面检查房屋质量

（1）门窗质量问题：房屋外窗普遍存在开启扇底下的密封条两端短缺和向室内渗水现象，南向开启扇底下的密封条表面普遍龟裂；部分外窗开启扇开关不灵活，缺滑撑件，安装不牢固，不能满足使用要求。

（2）防水工程问题：主卧卫生间门口两侧木质踢脚有变色痕迹，墙面有受潮后生成的黑色霉斑。闭水后主卧卫生间外侧墙根部逐渐潮湿、木地板与墙间的缝隙内出现水迹，不符合《建筑地面工程施工质量验收规范》的相关规定要求。

（3）墙地面质量问题：多户房屋室内地面出现裂纹、坑洞，特别是地面轻集料混凝土垫层问题严重，与基层黏结不牢，如炉渣状松散未混凝，空鼓现象严重，部分墙面用手指即能捅破，质量堪忧。

（4）吊顶质量问题：吊顶采用无安全玻璃标识的镀膜玻璃板做饰面，玻璃板用胶点粘在顶面的细木工板上，玻璃板与细木工板间没有采取钉压固定措施，存在脱落的隐患。

（5）阳台护栏扶手问题：阳台护栏扶手由上下3层木板胶合而成，木扶手普遍存在离层开裂现象，顶面已经失去油漆，扶手之间采用的上下45°接缝均裂开，接缝上下各钉有两个细铁钉，细铁钉已经锈蚀折断，不符合《建筑地面工程施工质量验收规范》的相关规定要求。

（6）细部工程：衣柜左下侧柜门启闭剐蹭；衣柜左下侧柜内小门无法打开；衣柜门扇划伤多处，衣柜右下侧内分水器柜门启闭剐蹭；东南角柜门与墙接缝大；床头灯灯柜右侧型材拼缝大；厨房洗菜盆下方橱柜阴角处被水浸泡开裂破损；洗衣机处柜面与地面连接处被水浸泡开裂破损。

（7）插座开关问题：门厅走廊吊顶处感应器脱落；厨房洗手盆下方柜插座无防溅盖；卧室电视背景墙中部插座无电一处；厨房西墙右下侧强电插座无电。

（8）壁纸问题：卫生间外框左侧壁纸起鼓；卫生间门外框右侧壁纸污染；床头灯灯柜处壁纸打胶开裂；床头灯灯柜左上侧壁纸褶皱不平；南墙壁纸多处疙瘩；厨房门框右下侧壁纸起鼓；卧室东墙面多处疙瘩、污染。

（9）板块铺贴问题：卫生间毛玻璃左侧墙砖空鼓，右侧墙砖空鼓；淋浴区地漏被地砖覆盖，无法检修；墙砖与地砖拼缝处未收口；花洒左侧墙砖空鼓；淋浴区墙砖勾缝脱落，不耐水；卫生间所有墙砖阳角勾缝不牢、脱落；厨房洗手盆下面地砖空鼓。

（五）发律师函，明确业主诉求

在对业主的房屋及小区进行全面细致的检查后，开发商迟迟未与笔者联系，这也是笔者根据多年的收房经验早就预料到的。为了让开发商更清楚地了解业主的力量是不可小觑的，笔者和业主们约好来律所集体讨论律师函的事宜。由于业主的数量较多，每位业主的诉求不一致，所以笔者打算本次向开发商发的律师函内容分几类：

（1）详细罗列并归纳每位业主所购房屋存在的违反《住宅设计规范》、房屋质量及小区违反规划的问题；

（2）分整改与赔偿、换房、退房三类诉讼请求，依据相关法律法规分类阐释业主的诉求；

（3）依据业主与开发商签署的《北京市商品房预售合同》约定及法律规定，强烈要求开发商向业主出示《竣工验收备案表》《实测面积表》《住宅质量保证书》和《住宅使用说明书》等售楼文件，积极履行合同义务、承担违约责任，如开发商不履行合同义务，笔者将根据业主的授权进一步采取司法诉讼等法律救济措施。

笔者对开发商的注册地、实际经营地及小区售楼处三处地址发送了律师函，几天后，笔者查询到发往实际经营地和小区售楼处的律师函都已经被开发商签收。

（六）开发商主动求和，胜败在此一举

1. 第一次谈判，貌似友好实则敷衍

在开发商签收律师函的几天后，开发商法务部的经理电话联系了笔者，约笔者和业主选个时间去开发商那谈一谈。笔者感受到了私下和解的苗头。为了保证此次谈判能万无一失，一方面，由于之前笔者邮寄申请的竣工验收备案表和竣工验收报告这两项政府信息公开仍在合法的答复期限内，笔者未收到住建委的答复，故笔者赶紧约了业主代表现场去申请信息公开，得到的结果是该小区并未通过竣工验收，这对于谈判是相当有利的。另一方面，由于本次业主的诉求分为整改与赔偿、换房、退房三类，考虑到如果全部业主都参与谈判的话，人太多不太适合表达诉求，也考虑到如果有业主情绪激动大骂开发商，会不利于谈判顺利进行。笔者和业主代表商量，三类诉求的业主写好授权委托书各推选一名代表参加谈判。

谈判的时刻终于到来了，开发商的代表是法务部和售楼部的经理。笔者分类阐释了业主的诉求。

第一类是整改及赔偿。对房屋及小区存在的问题按照业主罗列的进行整改，接通市政供水供电，直至符合居住条件。同时按照合同约定向业主赔偿逾期交房的损失和房屋质量损失。

第二类是换房。由业主从该小区未出售的房屋中挑选房屋。

第三类是退房。并按照合同约定赔偿购房款的银行同期贷款利息及违约金。

法务部表示会将三类诉求上报董事会，但对于第二类和第三类表示可能有困难。笔者预料到开发商不会很爽快，当即拿出从供水供电公司调取的说明，说明表示该小区并未接通市政供水供电。同时笔者还出具了住建委盖章的关于政府信息公开申请的告知书，表示该小区并未通过竣工验收，未达到交付房屋的法定条件。笔者还特意将这3份文件提前复印了3份给法务部经理。

见法务部经理态度并不是很友好，笔者表示距业主提出要看小区的《住宅质量保证书》《住宅使用说明书》《建筑工程质量认定书》《住宅工程质量分户验收表》、规划核验验收合格文件、建设工程竣工验收合格证明文件、《房屋面积测算技术报告书（实测绘）》等10余项文件已1个月有余，开发商现在必须要出示这些文件，否则笔者代表业主有权拒绝收房。另，售楼人员说要补交一季度的物业费要求也严重违反了规定，业主有向相关政府部门提出违法查处的权利。

经过了3个多小时的谈判，法务部和售楼部的两位经理表示，业主的诉求他们会上报董事会，让业主等消息。笔者询问明确的答复期限是多久，法务部经理说最迟一周。有了最迟答复期限后，笔者心里才好把握维权进展。

2. 第二次谈判，无疾而终

一周的时间一晃而过，笔者电话法务部经理，经理以几位大董事外地出差，董事会未能正常召开为由，表示让业主们再等等，具体时间不能明确。笔者清醒地意识到这是开发商在故意拖延时间。跟经理继续纠缠毫无意义，笔者果断地联系了之前经常采访笔者的北京某报社的记者，和记者详细沟通了本案后，记者表示北京最近房屋质量差的问题层出不穷，刚好可以以本案小区房屋质量问题好好报道一下，给开发商提提醒。同时，笔者也联系了与律所有联系的其他自媒体，都表示对本案的采访非常有兴趣。接下来的几天，笔者联系的报社、自媒体等多家媒体陆续去本案小区及售楼处收集素材，并在网上进行报道。开发商的遮羞布终于被一层一层地撕开。

3. 第三次谈判，胜券在握

在第一篇报道出来后的第5天，笔者接到了法务部经理的电话，表示整改和赔偿的诉求可以满足，但换房和退房后就不赔偿业主的同期银行存款利息和违约金了。

4. 业主有分歧，议事规则和表决机制发挥作用

听到法务部经理的话，根据笔者多年的房产集团诉讼办案经验，这一结果其实还算可以。但还是有一小部分要退房和换房的业主对于不能赔利息和违约金的结果不满意，甚至在维权微信群中发表过激言论。有的业主半夜睡不着给笔者打电话，说"如果咱们继续给开发商施加压力，肯定会有更好的维权结果。说不定，开发商除了答应退房外，还能赔偿一笔高额的违约金"。笔者做了十多年的集团诉讼，对于某些业主的想法也很了解。笔者跟打电话的业主耐心地沟通，说现在已经是比较理想的结果，如果继续和开发商纠缠，开发商可能会拒绝调解继续诉讼。这个结果是笔者和业主都不想看到的。和业主电话沟通完后，夜已过半，笔者决定尽快把业主们约到律所开会。

第二天一大早，笔者就在微信群中约业主们明天下午 6 点来律所商量，业主们都答应了。时间快到了约定的 6 点，陆陆续续来了些业主，大家都争执着要不要接受开发商的方案，面露不悦。待人到齐后，笔者拿出了每个人签字的表决机制和议事规则，其中写明："……所有签字人员必须与其他人员共进退，不得私下与开发商单独和解，最终调解方案由全体成员协商一致通过。在维权过程中出现重大事项的，则可以由业主或业主代表提议召开业主会议进行表决，需要经过其他业主（包括参会业主和未参会业主）一半人数以上表决通过方可产生有效表决。……"大家看到数月前签过的表决机制和议事规则瞬间安静了下来。笔者根据业主人数制作了无记名投票：A 选项：同意开发商的方案；B 选项：不同意开发商的方案，继续维权。笔者把选票发下去后，看到业主们一个个慎重考虑后填好了选票。后笔者和助理当着所有业主的面公布了选票结果，结果是：超过 80% 的业主选择同意开发商的方案。

故事的后来，笔者和业主们去了开发商办公室签署了《和解协议书》，同时笔者作为律师和开发商签了放弃申明书，申明笔者所在的律师事务所自愿放弃代理该小区其他业主委托的类似维权。至此，故事有了圆满结局。

【办案分析】

很多人认为验房收房就是大概看下房子质量好不好，殊不知验房收房在买房的整个过程中是非常有学问、需要严谨慎重对待的一项重要环节。如果稍不细心，简单地就签字收房，收房后的后续维权会相当困难。不管是北京的高档别墅还是三四线城市的普通住宅小区，由于不注重收房环节住进房屋后发现一系列问题的新闻及报道比比皆是。比如北京某高档别墅收房快 10 年，使用的仍是井水；比如某四线城市小区，收房刚住进去不到一年，房屋墙壁到处产生裂缝，住得人心惶惶、惴惴不安。

（一）验房有哪些注意事项？

怎么样收房对于每个买房的人来说都是要好好学习的，不管你是请律师收房还是自己收房，收房的要点您还是要掌握一二。

首先，要开发商出示合同中约定的交房需出示的完整的收楼文件。比如"两书"（《住宅质量保证书》《住宅使用说明书》），"一表"（《竣工验收备案表》）规划核验（验收）意见等及其他满足市政需求的文件。

其次，要看房屋是否符合《住宅设计规范》的各项标准。比如厨房、起居室的面积、通风标准，共有部分的设计是否符合标准等。

再次，要看房屋是否符合居住条件。比如是否接通市政供水供电，北方的小区是否接通暖气等。

最后，要看房屋的质量问题。房屋本身的主体结构是否有问题、墙体是否歪斜；房屋甲醛是否超标；房屋装修质量如何；房屋的减噪功能怎样。

（二）验房遇到问题怎么办？

在验房的过程中肯定会发现各种各样的问题，如果确定仅仅是质量问题，一定要先让开发商将房屋修缮完成后再签收房文件，切记不要先签字再等开发商维修。如果问题很严重，一定要请律师维权。因为开发商面对单个或者群体的业主要求整改房屋或者要求退房的话，靠业主的单薄力量是不足以让开发商妥协的，这也证实了业主拉横幅维权的多，但维权成功的很少。因为群体拉横幅的力量实质上是一盘散沙，只要带头的业主被开发商给了一点好处，业主自己维权就很难进行下去。

专业的律师会透过大家都能看见的表面问题发现开发商深层次的违法违规点，并给相关政府部门发违法查处申请书以及行政诉讼抓住开发商的痛处，才能让开发商妥协促成和业主的谈判，实现业主的诉求。

（三）可以以房屋存在质量问题拒绝收房吗？

有的业主会因为房屋存在太多质量问题，开发商又不认真修缮或多次修缮后仍然达不到自己心中的标准而觉得很生气，就拒绝收房。那么，业主能以房屋质量问题拒绝收房吗？答案是否定的。除了购房合同中约定可以拒绝收房的情形外，一般只有三种情况可以拒绝收房，一是未经过竣工验收、消防验收、规划验收等明文规定需要验收的环节 [根据《建设工程消防监督管理规定》（2012 修订）第 13 条和第 14 条之规定，对于住宅建筑来说，只有国家标准规定的一类高层住宅建筑才要求必须经过消防验收，一类高层住宅建筑指 19 层及 19 层以上的住宅。所以二类居住用地只有消防备案而没有消防验收是符合消防法律规定的]；二是房屋主体结构质量不合格；三是严重影响正常使用。所以业主发现质量问题后可以先在收房确认单上写明，先收房再让开发商维修。后期发现质量问题符合上述第三点所述的严重影响正常使用，也可以要求解除合同退房，此权利并不会因收房而丧失。

法条链接：

三面埋伏

——违建包围下的独栋别墅

寸土寸金的帝都，如果在平地上的四合院和几层的住宅楼中让你选择，你会选择住在哪？我相信一定有人会说，那我还是选独栋别墅吧……简单地开个玩笑，说到别墅，年前的时候，笔者的律所也恰巧在一栋别墅里举办了年会，小伙伴们也玩得非常开心，地下一层KTV，三层住宅，还有游戏厅、台球厅，三面绿植，早晨打开窗子，面对着泥土带来的清香，迎着阳光下的微风，心情总是格外明亮。看着装修精美的别墅，恍惚间，倒是让笔者想起曾经在几年前办理的一个案子……

【优质别墅，您来看看？】

"快来看，快来看，新鲜的房源，交通便利，休闲娱乐设施完善，教育资源丰富，高校林立，独栋独院是您理想的港湾……"远处的舞台上传来阵阵吆喝，正在附近办事的周先生和朋友也被吸引了过来，走近一看，更加产生了兴趣。演出的是个杂技团，后面音响播放着宣传语，一只小猴骑着车敲着锣在前面表演，很是可爱，就像一只小猴会说话一般，看得人很是喜欢。

"现在开发商宣传都挺卖力啊，宣传别墅都摆这么大阵仗了"，周先生笑着说道。

"老周，也不打算来一套，这地方我打听了，真的不错，这边的房源生活环境好，绿地率听说很高，还有水库和森林公园，要不是我最近手头紧，我也买了，等咱们年纪大了，在这边养养老多好。"周先生的朋友也是一脸的喜欢。

因为工作原因，自从生意越做越大，周先生自己已经少有休息，家人也是少有陪伴，想来自己的儿女已经长大，工作上的事情已经可以完全交给孩子们，也是时候考虑考虑自己的晚年生活了，想到这里周先生也动了买房的心思。

要说顶级销售就是懂得察言观色，一旁的销售人员见到周先生面有留恋，马上凑了过来。

"先生，我们的房子是全国排名前十的公司开发的，质量有保障，物业也是顶级物业，附近医院也是国内屈指可数的重点医院，要说环境更是没的说，小区绿地率高达40%，每家都是独栋别墅，出去遛弯还有森林公园，不少明星都在这买房，看您这气质也是有身份的人，买这绝对符合您的要求，走过路过别错过，您要不要看看？"销售人员吹嘘起来丝毫不脸红，一口气说完气息丝毫不乱。

其实，周先生并没有把销售人员的说辞放在心上，反而是一听有明星在这买，心想周边的环境一定也不错，加上自己朋友一说，心下决定在这购置一套，但是怎么也要先看看房。

"那这周末我来看看吧。"

"成！我姓赵，您叫我小赵就行，周末您来之前联系我就可以。"

留好联系方式，周先生和朋友就离开了别墅区，每每回想起这个镜头，周先生都后悔不已，当初要是没留下联系方式，没去听销售人员的话直接离开，是不是就不会做出这个选择。

【美轮美奂，顺利签约】

看房的日期如约而至，周先生驱车到达小区，迎接他的正是之前的销售人员，跟着小赵走进了宣传红火的别墅区，一进去也确实让周先生感受到了小区的档次确实非同一般。正值花季，一进门仿佛沉浸在花海一般，扑鼻香气将人紧紧环绕，路径所见皆是参天古树，伴随着中心小区假石上的人工瀑布，碧波荡漾的湖泉，让人心旷神怡，好不美哉。

一路上，周先生也真的见到了不少明星，其中也不乏周先生喜欢的老戏骨，经过销售人员的一番介绍，周先生一眼就选定了一块宝地，说是宝地是因为这个房子三面环绕绿植，北面小桥流水绿荫环绕，东面果香扑鼻，饶是一片欣欣向荣的景象，让人心旷神怡，如此一来，倒是颇有一种"绿芜墙绕青苔院，中庭日淡芭蕉卷"的景象，南面的小广场也是一番"绿肥红瘦"的热闹光景，实在是让人喜欢得紧。见此情景，周先生想住在这里每天就可以开窗见到让人心旷神怡的绿色，也能在小广场上喝喝茶，听听曲儿，非常享受。

看好房子，与开发商签订合同后，周先生便一次性付清全款，开发商倒也不错，不出几个月就为周先生办理好了房产证，这让周先生倍感欣慰，也开始着手装修工作，憧憬着自己日后在此的晚年生活。殊不知一切的困扰才刚刚开始……

【三面"埋伏"，居住不得】

待装修完成后，周先生也入住了进去，每天除了处理少量的工作，多数时间就是在小区度过，一时间享受着庄园般的生活不禁喜上眉梢，如此生活持续了近一个月，周先生也以为这一切会持续下去，直到那次出差回家……

原来，由于小区的销量较好，开发商又在剩余地块开发了二期别墅住宅区，这本无可厚非。刚开始，周先生也没有在意，以为是正常的建设工程，由于一些急事便回了几天老家。

而周先生的房屋恰巧紧邻小区一期工程的东边红线，开发商动土的二期工程正是位于周先生房屋的东侧和北侧，就在回老家这短短几天间，当周先生回来却发现，开发商将北侧的绿植全部铲除，垒起了三米高墙，这一下可让周先生北侧一点光都见不到了。周先生多次找到开发商要求拆除，开发商都回复只是暂时的，用完就拆除。哪知，二期别墅都建了好几座，但是墙还没有拆……

私建围墙的事，多次沟通不得，周先生早已是焦头烂额。但这仅仅是个开始，就在开发商紧锣密鼓的建设过程中，施工人员将别墅前方的小广场设立了围挡，将小广场下的地下停车库打通，使得原本风景秀丽的小广场成了一个巨大的露天大坑，大坑之下就是地下停车库。

南北两面已是"一高一低",可谁承想东边居然也是同时开工,不到两天的时间,就将原本的果园全部清理,并在周先生房屋边上不到一两米的距离建起了一个上行坡道,最低的部分已经把别墅一层挡住了一半。开发商硬生生把一层的房屋变成了半地下室,这让周先生气愤不已,多次找到开发商要求拆除,而开发商却说,墙用完就拆,南侧地下车库与坡道是有手续的,让周先生随便去告。更让人倍感无语的是,随着三面开工,一层的房屋也出现了一些裂痕,对于房屋质量和安全的担忧让周先生心中蒙上了一层阴霾,南侧的小广场被拉起了蓝色的挡板,开发商施工也从不顾及周先生的感受,施工噪音此起彼伏,先前的鸟语花香早就没了踪影,倒是每天还得伴着心烦的"音乐"入睡。更加让人无奈的是,别墅卧室位于屋内的一层东侧,东边修建起来的坡道足有两米高,实实在在地把一层别墅变成了暗无天日的地下室。这着实触碰到了周先生的底线,忍无可忍之下决定聘请律师进行维权。

【咨询律师,方案初现】

那天笔者见到周先生时,周先生已经搬出了别墅,听着周先生的描述和不甘,笔者十分同情,周先生原本是个好脾气,奈何开发商一步步得寸进尺,听着周先生的叙述,笔者也看完了所有材料,安慰了周先生以后便为他提供了相应的建议。

首先,针对开发商虚假宣传和房屋质量的问题,笔者建议着重关注房屋质量的取证,可以聘请专业的检测机构进行检测,如果确实存在较大的房屋质量问题,是可以根据相关法律规定提起民事诉讼,向开发商主张解除购房合同,返还购房款及赔偿相应的损失。如果不存在房屋质量问题,周先生也大可放心继续入住,并将此作为证据保存。

而针对开发商是否存在虚假宣传的问题,笔者耐心地告诉周先生,起诉开发商虚假宣传通常很难获得支持,虽然我国《反不正当竞争法》《广告法》等对于虚假宣传存在着一定的规定,但是由于房屋的性质不同于其他商品,虚假宣传的认定是非常困难的,对此

笔者建议周先生可以暂时不予考虑，待后面调查结束后再考虑是否提起。

其次，对于开发商的建设行为是否符合规划，听到周先生的叙述，笔者感觉开发商在三面建设的行为极有可能没有任何规划和施工手续。为此，笔者建议周先生委托律师进行调查，通过对小区所在地块、小区规划和施工建设许可手续提出政府信息公开申请并对现场进行核实。

最后，律师进行同步现场取证与律师函的及时送达。通过对现场实地取证留存证据，以免后续维权中出现举证困难，毕竟现在的证据是对周先生最有利的。在笔者处理过的维权案件中，遇到过在维权过程中开发商就早已将违规建设进行修整的情况，特别是比较知名的开发商，速度更是非常之快，届时取证困难，对法官的影响也是非常大的。同时，为了给开发商施加压力，笔者也将周先生的问题进行了系统整理并向开发商邮寄了律师函，虽然律师函会起到一定的作用，但是作为律师，笔者深知如果不能找到更大的问题，单凭一封律师函也难以实现周先生的所有诉求。为此，加快取证和调查的步伐十分重要。

【三面违法，四面楚歌】

咨询后，周先生当即委托笔者进行调查，笔者也没有辜负周先生的信任，当天将信息公开申请和律师函寄出，并于第二天到现场进行取证。

就在律师函寄出的一个礼拜后就有人联系周先生说要解释一下事情的原委，想要解决问题。笔者建议周先生尽可能与开发商保持可谈判的空间。笔者也同周先生一起到开发商的办公室进行了初次会面。交谈过程中，笔者发现开发商一直是在绕开主要问题，并没有谈及周先生关于退房或赔偿的诉求，反而一直在说建完五期立刻就拆，绝不耽误。当笔者问到坡道与地下车库是否有手续时，开发商的代表明显有些迟疑，支支吾吾地不肯正面回答，但还是说有手续，而且马上就下来了。

听到这里，笔者和周先生互相看了一眼，周先生也明白笔者的意思，当即中断了谈话，表示回去考虑考虑再谈。

返程途中，我告诉周先生，在未取得施工手续和规划许可手续的情况下，是不能实施建设行为的，通过对方的言辞可以判断，手续还不齐全，等调查结果出来后再商量后续的方案。

世上的事很多都是无巧不成活，几天后，笔者接到了助理的电话，告诉小区别墅的调查信息已经回来了一部分，尤为重要的是小区的平面图和规划许可手续，听到这里笔者立刻打起精神火速赶回律所，果不其然。周先生房屋北侧、东侧的建筑超过了规划红线范围，也没有相应的规划手续，北侧围墙已经严重阻碍了别墅的视野和光线，而且按照规划，别墅之间的距离至少应为 10 米，而新建别墅与周先生的房屋仅仅为 5 米，严重违反了规划要求，南侧的地下车库亦没有规划和施工手续，早已不是高档小区的精品别墅。

看到资料以后，基本上可以认定开发商存在违反规划设计和违法建设两种违法行为，根据《城乡规划法》《北京市城乡规划条例》《北京市建设工程规划监督若干规定》《建设工程质量管理条例》等相关规定，开发商既未按照小区规划设计进行建设，也没有相应的施工手续，由开发商施工建设起来的墙体、坡道还有地下行车道在并无任何施工手续的情况下，属于违法建设，应由规划部门、建设部门对其进行罚款和拆除。对此，笔者同周先生商量后，当即向区住建部门和规划部门发出查处申请书，要求对违法建设的部分和无规划许可的部分予以查处和拆除。其实，根据现在的情况，笔者亦可要求开发商给予赔偿，但是鉴于周先生并不奢求对方赔偿，只想拆除即可，笔者也在案件的处理思路上做出了相应的调整。笔者深知这只是维权的第一步，真正地较量才刚刚开始。

【回复竟然还有两幅面孔？】

在仔细比对图纸后，笔者就以下问题将拟好的查处申请书邮寄至区规划部门：

（1）开发商的施工行为已经违反规划许可；

（2）开发商超出规划许可部分的建设属于违法建设；

（3）开发商违法建设的行为严重侵害了申请人的合法权益，严重影响了申请人房屋的通风采光及房屋的质量安全；

（4）开发商在申请人房屋南侧深挖地下车库的行为严重违反规划；

（5）开发商在申请人房屋东侧非法建设地面行车坡道，严重影响了房屋的使用功能，降低了原告的生活品质和房屋的商业价值。

然而，即便是面对着信息公开申请文件与实际建设不符的情况，区规划部门也作出了让人出乎意料的回复，回复中，区规划部门认为："经查，该项目建设的围墙、地下行车道，已取得《建设工程规划许可证》。经核，上述建筑的位置层数、高度、建筑规模符合规划许可的要求。"

接到如此回复，笔者立刻建议周先生向法院提起诉讼，因为从回复内容上来看，单纯以行政查处的手段很难实现诉求，只有尽快地进入司法程序，才能更有效地迫使开发商进行谈判。

然而，周先生并没有采纳笔者的建议，主要是基于规划部门和建设部门中有不少与周先生相识的人，希望从中调解，故而选择了行政复议。

一个星期后，周先生接到了市政府的复议决定，根据决定的内容，市政府认为区规划部门作出的《答复意见书》未对周先生所反映的事项进行准确回复，且在复议期间未能提交涉案的在建工程的位置层数、高度、建筑规模符合规划许可要求的证据，属于事实认定不清、主要证据不足，应予以撤销，责令区规划部门在法定期限内重新处理。

复议决定作出后，不出几天，周先生也果真收到了回复。而这次的回复却与第一次回复大相径庭，出现了180度的大转弯，回复认为：

（1）北侧围墙：关于与周先生房屋相邻的二期在建房屋超出了施工红线范围的问题。答复说，现场该围墙现已拆除完毕。

（2）东侧坡道：关于周先生东侧建设地面行车道的问题，经过现场调查核实，该处规划设计方案中为绿地。建设单位称为了便于施工临时作为道路使用，现建设单位向我委托人作出书面承诺，承诺申报规划验收前保证按照《建设工程规划许可证》的要求进行绿化。

（3）南侧地下车库：关于周先生南侧挖地下车库的问题，答复称建设单位称其实际为地下行车道，规划部门正在调查核实，并要求建设单位进一步提供证据材料加以佐证该地下车道的合法性。

虽然回复看似很正式，但是经周先生现场核实，自己房屋周边仍然"一切如初"。笔者也再次建议进行诉讼，只不过，周先生仍然坚持了复议，可是，这次回复的结果却没有让周先生感到任何安慰，根据第二次市政府的回复，直接维持了第二次区规划部门的答复。

类似的结果，还发生在了住建部门的回复上，住建部门认为对于小区内的建设行为应由规划部门处理，住建部门并无相关职权进行查处。只不过这次，周先生听取了笔者的建议，不再复议，决定直接对住建部门提起诉讼。

【双管齐下，全力以赴】

对于开发商的行为，笔者告诉周先生，可以分为两个方面进行诉讼维权，第一个诉讼是针对三面违法建设的情形，根据《建筑法》《〈北京市建设工程规划监督若干规定〉实施细则（试行）》《建设工程质量管理条例》等相关规定，对于施工建设行为应取得施工许可手续，擅自变更审批内容的建设工程，属于违法建设，对此违法建设的部分，住建部门具有查处职责。在建筑工程开工前，建设单位应当按照国家有关规定向工程所在地县级以上人民政府建设行政主管部门申请领取《建筑工程施工许可证》，简而言之，只要进行建设就应该具备相关的施工手续。

第二个诉讼则是针对违反规划的行为，主要问题也是集中在围墙、南侧地下车库及东侧行车坡道的问题，根据《城乡规划法》《北京市城乡规划条例》等相关规定，超出规划红线范围及违反规划进行建设的行为，规划部门亦具有相应的查处职责。为此，笔者分别向两个法院在同一天提起了行政诉讼。

【再次取证，应对答辩】

在笔者立案后，承办法官也对此案比较关注，多次约谈笔者，熟悉案件事实，也向笔者送达了对方的答辩意见。在谈话中，笔者明显可以看出法官的为难之处，在起诉住建委的诉讼中法官不止一次告知笔者，很有可能会驳回起诉，笔者对此也依据《建筑法》的规定加以反驳。

在案件事实的基础上，笔者再次到小区进行实地取证，发现围墙只是没有之前那么高，实际上还存有 1.5 米左右的墙面在房屋北面，而且已经作为实体墙，成为二期在建房屋的一部分，已经无法拆除。东面的坡道最高处已经修建高达 2 米，使得周先生的房屋东侧采光出现了严重问题，屋内已成为半地下室状态。而南面的地下车库已经修建完毕，与之前的情况一致，并无改观。

对此，笔者也将现场的情况拍照录像予以留存，看着已经施工完毕的地下车道和围墙，又看看两米高的坡道和如火如荼施工的五期别墅，笔者陷入了深深的思考，自打维权开始寄出查处函到现在提起诉讼，已经过去一年多的时间，而在这一年中，周先生不能安心居住，墙还是那面墙，路越修越高，眼看就从临时道路修成了永久道路。别墅一层的昏暗就像驱不散的浓雾，让人心中不免气闷。

修整好自己的思绪，笔者回到律所，整理好证据和代理意见，一切就等待开庭的到来吧。

【违法违规竟还想先斩后奏？】

一个月后，我们先后接到了起诉规划部门与住建部门的传票，首先开庭的是与规划部门、市政府作为共同被告的案子。

庭审前，我们向法官提交了开庭前一天小区状况的照片和录像，并向法官提交了一份标注明确的规划图纸，明确标注了房屋所在位置，北、东、南三个方向的规划设计。

对方显然感到很诧异，他们应该也没有想到我们在庭审的前一天再次进行了取证，用房屋周边的现有状态有力地回击了市政府和规划部门的调查情况。本以为现场核查情况足以帮助政府部门摆脱职责，却被法官发现其并未至现场核查，那么作出的答复也一定存在着重大错误，这样的证据也着实让对方在庭审中时常面露尴尬。

庭审中，其中一个问题让笔者记忆犹新，当法官询问到规划部门："从 2018 年 4 月 24 日收到查处申请开始到 2019 年 5 月 14 日开庭的今天，政府调查了一年之久，调查的结果是什么？"规划委律师答复说，初步结果是开发商具备补办各种手续的条件！

当规划部门的律师说出答复后，法官、当事人、旁听的人员都特别震惊！在座者一片哗然，难道开发商无证施工、无手续施工不仅得不到任何惩罚，反而政府还要帮助其补办各种手续？

【主动和解，顺利维权】

第一次庭审算是顺利结束了，起诉住建部门的开庭日期安排也相对紧凑，就在一周之后，正在笔者准备第二次开庭时，可能是之前的尴尬让开发商已经预知到了结果，终于承受不住压力找到周先生和笔者进行了谈判。

方案上，开发商决定将围墙拆除，东侧坡道也予以恢复平整，南侧车库由于已经建成，计划给予周先生相应的赔偿，数额上周先生也很满意。至此，本案也算是结案了。

【律师分析】

本案属于典型的违反规划进行施工建设的类型，在笔者以往代理的案件中，通常违反规划、不具备施工许可、质量问题及不具备竣工验收条件的行为，都是开发商的痛点，也是律师代理业主进行维权的主要针对点。

通常而言，如何发现小区所存在的问题可以从以下几个方面入手：

（一）对于小区整体规划、施工、平面图等文件进行信息公开调查工作

小区业主通常不能完全掌握小区规划情况，且由于信息公开涉

及部门较多，申请的文件相对专业，为此代理律师可以为业主完成调查工作，但也需要向业主说明信息公开调查的时间要求。通常一般的回复期限为自行政机关收到政府信息公开申请书的15个工作日内回复，如经批准，行政机关可延长15个工作日进行回复。

（二）结合实际问题，有的放矢地针对核查，制定维权方案

由于当事人的房屋所涉及的问题比较繁杂，因为不论是对于房屋质量、结构，还是小区基础设施、外观设计等的问题，都需要根据回复的文件进行一一比对，将其中重要的问题集中制定一个或几个维权方案。

（三）现场取证和比对，发现更多问题，调整维权方案

由于图纸始终属于静态的文件，除了书面回复的立项文件、建设许可、规划许可、竣工及消防等手续可以书面形式进行筛选和核查，小区平面图及业主的户型图则需要现场实地进行取证，只有在现场的比对过程中才能发现更多问题，同时根据问题的重要程度调整查处和诉讼策略。

（四）向职权部门提出查处申请，从而提起诉讼

对于查处申请，很多当事人并不能理解为什么要做这项工作。通常情况下，当事人对于此类的维权事项都会采取信访形式进行举报，如果不予受理或者处理不如人意，当事人也只能选择继续复核，并无其他的救济途径，而且就结果来看，也不尽理想。而根据《行政诉讼法》司法解释的相关规定，信访事项是无法提起相关诉讼的，也就无法达到维权的目的。

而提出查处申请则是依据《行政诉讼法》第47条的规定，要求职权机关对当事人的人身和财产利益进行保护，如行政机关未尽职履责，当事人完全可以提起相应的行政诉讼要求对方履行法定职责，从而实现维权。

其实说到底，还是要多听律师的建议和意见，作为维护当事人利益的实际操作者，任何法律行为都是以最大限度维护当事人利益为出发点的，信任律师就是对律师最大的尊重。很多当事人并不愿意起诉政府，认为胜率很低，但是大多数情况下，政府部门也并未实际解决问题，但是在庭审中，法官是相对中立的，并不会偏袒任

何一方。法律赋予法官裁判的权利，也就对法官的行为规范作出了限制，特别是在司法改革的浪潮下，终身责任制使得很多曾经的司法乱象得以遏制。

当然，除了庭审的公平性考虑外，还有一点就是，其对比民事诉讼，行政诉讼成本低（一个行政诉讼案件的诉讼费只需要 50 元）、风险低，实现诉求的方案也相对明晰。

此外，在多数房产纠纷中，采取民事诉讼会经常出现举证困难、证据不足等情况，导致败诉的结果，从而直接增加了后续维权的难度，但是在行政诉讼中可以给相对方施加压力迫使其主动进行和解，还可以通过庭审和答辩程序不断获取和补充我方没有的证据，达到"万事俱备"的效果，待到一切准备就绪，采取继续行政诉讼或者民事诉讼达到有的放矢、一针见血的目的，实现诉求。因此"先行后民"是基于多种考虑的诉讼手段，并不是所谓的"无用功"。

法条链接：

失而复得

——开放商注销，房产证将何去何从？

【情深廿年，为爱置业】

2005 年春节，在北京打拼的豆先生回到了山东老家，和老婆孩子一起团聚过年。春节，本该是个阖家团圆的日子，可因为操劳过度，豆先生妻子的旧疾复发，住进了医院。

站在医院的长廊上，回忆起自己二十多年的婚姻生活，豆先生越发觉得对不起自己的妻子、孩子。

原来，豆先生和妻子都是土生土长的山东人。豆先生初中毕业后就进入县城的农机厂成为一名工人，工作后和自己的妻子相识相恋，并进入婚姻的殿堂。按照大多数人的人生轨迹，大概就是努力工作、提升学历，争取过几年能提干、升职，走上人生巅峰……但是，豆先生并没有在体制内迎来自己的人生巅峰，而随着"下海"浪潮的来袭，选择加入"十亿人民九亿倒"中的"九亿"大军之中，轰轰烈烈地下海做起了小生意，全国各地到处跑，留下娇妻一人家里家外忙活。

妻子这一忙活就忙活了二十多年，从孩子出生、上学、高考，到照顾父母，都是自己妻子一人在忙活。后来，父母相继生病住院，妻子更是辞职在家专门照顾老人。这期间，豆先生跑遍大半个中国，起起落落的虽没挣着什么大钱，但也凭借着自己的勤劳和聪明，打下了一份殷实的家底。

可是，眼看着孩子都上了大学，自己陪伴孩子成长的日子屈指可数，更别说谈心交流了；和妻子结婚二十几载，也是妻子一直在付出、在牺牲。想到这里，豆先生下定决心，要把妻子接到自己身边，好好照顾。

踱步回到病房里，看着妻子已经花白的头发，豆先生擦了擦湿润的眼角，更加坚定了自己决心。

虽说自己做的一点小生意在北京，可这么多年压根没想过在北京买房。想要把妻子接到身边照顾，总得有个落脚处，也不能一直住在店铺里面；而且孩子也在北京上大学，逢年过节的时候，一家人也能团聚。考虑到家里的经济状况和各种开销，豆先生决定买套小点的二手房。

说干就干，一向是豆先生的行动纲领。打定主意的豆先生立马请各路朋友打听起房子的消息。

功夫不负有心人，不出一个月，在多个朋友的帮助下，终于打听到一处符合豆先生要求的房子。出卖人佟女士，离婚后一直在国外陪孩子读书，最近在国内办理移民手续，着急将房子出售。

在中间人的介绍下，豆先生和佟女士见面谈了房子的事情。佟女士开门见山告诉豆先生，房子的房产证一直没有办理，自己买了房子装修后，没住两天就出国了，因一直不在国内，房产证也就没有办，但是买房的手续全部都有。同时表示，因自己急需出售，屋内的装饰装修象征性地估个价格就成，但前提是需要豆先生替她清偿后几年的房贷，共计 9 万元。豆先生也想着尽快买到房子，就同意了佟女士的条件。豆先生最终以 25 万的价格买下了这套 50 平方米的两居室。佟女士告诉豆先生，自己办理好移民手续就出国了，房子后面的手续就由她委托的王先生来协助豆先生办理。

豆先生向佟女士一次性支付 16 万元，之后约一周左右，佟女士就把房子交付给了豆先生。豆先生简单将房子拾掇拾掇就高高兴兴带着妻子孩子住了进来。

住进来后，豆先生越发觉着自己房子买的值当了，不光省下了装修的功夫，更是节省了一大笔装修费用，最主要的是小区环境优美、配套成熟，小区旁边还有公园，特别适合妻子锻炼恢复身体。

感觉自己占了大便宜的豆先生就这样把房子过户的事情忘到了

脑后，一心照顾起妻子孩子，从此过上了幸福的生活。

如果这是童话，那么上面所述就是美满的结局。然而，这是生活！是生活，就会有令人预料不到的事情发生！

【限购令出，幸福裂缝】

日子一晃就到了2010年，豆先生也早还完了9万块的贷款，一家子和和美美的小日子更是越过越有滋味——妻子身体调养得越来越好了，和孩子也越发亲近了；孩子研究生也毕业了，进入著名国企上班了；店铺小生意有条不紊地进行着；最主要的是，当初25万买的房，一下子涨到了一百多万，自己身价突然间就涨了近一百万。

这天，豆先生按照往常打开电视收看新闻联播，看到北京出台了"国十条实施细则"，对于楼市进行调控。心大的豆先生压根儿就没放在心上。

直到几天后，豆先生偶遇了当初介绍自己买房子的朋友。朋友调侃豆先生："你可真有先见之明呀，老早就买好了房子，这下不用愁了，不像我，挣钱的速度不仅没能赶上房子的涨价速度，而且还没赶上政策变化的速度，限购令一出，我连买房的资格也没有了。"朋友的话引起了豆先生的好奇，就再继续深聊了几句。越聊豆先生心里隐隐的担心就越变越重："自己的房子没有办理过户，这个新政策会不会影响到自己呢？"

辞别朋友，豆先生匆匆忙忙往家里赶了回去。到家后，豆先生忽略了妻子的招呼直奔孩子的房间，打开电脑，搜索"限购令"，一气呵成。从头到尾把文件内容看了一遍又一遍，认为自己不符合在京买房的条件时，整个人瘫在了椅子上，心里更加担忧了：房子没过户，自己又没有买房资格。这可如何是好呢？现在自己手中连购房合同都没有，如果万一哪天原房主再回来把房子要回去，把自己一家赶出去可怎么办啊。

一连几天，豆先生都惦记着这件事情，妻子跟他说话他也有一搭没一搭地接着。由于心里揣着事情，豆先生的情绪也不是很高，更是没有精力去关心自己的妻子。

【初次咨询，窥见曙光】

不忍心让妻子担心的豆先生将这件事情隐瞒了下来，但也意识到自己的行为可能已经暴露出了端倪，遂以店铺忙碌为由，住进了店里。住到店里后，豆先生的反常立即引起了大家的注意，在大家的再三追问下，豆先生终于向大家敞开心扉，说出了自己遇到的问题。大家纷纷献计献策，试图帮助豆先生解决问题。听着大家乱七八糟的方法，店长给豆先生建议："还是找专业的律师来解决吧，房子可是大事情呀。"

听到这话，豆先生茅塞顿开。经过朋友的推荐介绍，豆先生来到笔者执业的律所，向笔者咨询办理房子过户的事情。

豆先生见到笔者就问："我能不能买北京的房子？"笔者遂问他有没有缴纳社保、有没有个人纳税记录。豆先生告诉笔者，都没有。按照北京市的限购政策，您没有购房资格，笔者很坚定地回答。

豆先生得知自己没有买房资格的时候，脸色大变，心神不宁，说道："那我之前买的房子怎么算呢？"笔者要求豆先生详细说一下具体的买房情况。

豆先生说道，房主佟女士在国外，委托了一个王先生和自己谈的卖房事宜，但是没有签署书面的购房合同，说是需要的时候再签署。在听豆先生讲述的过程中，笔者翻看了一下豆先生携带的与房屋有关的材料，之后又向豆先生详细询问了一些买房过程中的细节：

（1）豆先生和佟女士之间是否有书面的买卖协议？或者录音的口头协议？豆先生告诉笔者，当时和佟女士并没有签订书面的房屋买卖协议，也没有录音。因为是朋友介绍，自己也没有法律意识和自我保护意识，所以也没有签协议，更别说录音了；但是当时他交钱给佟女士的时候，佟女士出了一个收条。

（2）收条中的数额和豆先生叙述中的房屋价款不一致，是怎么一回事？豆先生告诉笔者，房屋总价款是 25 万，当年自己只交给了佟女士 16 万；但是自己和佟女士达成一致，替佟女士还剩余的贷款，总计为9万块。

（3）还贷有单据吗？贷款已经结清了吗？如果结清了，是谁结清？豆先生告诉笔者，贷款已经结清了，是他自己结清的；办结清手续时，银行有出具书面的材料，但是自己不记得放在了哪里，需要回去找找。

还贷是通过自己银行卡定期向佟女士的账户转钱，然后从佟女士的银行卡自动扣款进行还贷的。时间久了，自己想要找到银行，看能不能将相关记录打印出来。

（4）收条上注明的是23号楼，而豆先生叙述中一直是34号楼，23号楼和34号楼是否为同一栋楼？豆先生告诉笔者，是同一栋楼，后来开发商重新调整了楼的编号（行政楼号），所以就变成现在的34号楼了。

（5）佟女士现在承认买卖关系的存在吗？豆先生告诉笔者，之前口头上是认可房屋买卖的，但是现在房子涨价涨得厉害，不太确定对方的态度，需要再和佟女士联系确认一下。但是由于佟女士已经移居国外，联系起来需要时间。

听完豆先生的回答，笔者给出了以下建议：在和佟女士沟通的时候，尽量通过录音的方式，保存相关的证据，以防出现刚开始认可合同及还贷的事实，后面又不认可的情况。

（6）开发商现在对于这套房屋是什么态度？豆先生回答，据说这个开发商已经注销了，人都找不到了。在笔者心中的疑惑都得到解决后，豆先生向笔者提出了自己的疑问：一是佟女士没有产权证，能卖房子吗？二是自己口头买的房子有法律效力吗？三是如果合同有效，开发商都跑没影了，还能办理过户吗？

笔者遂开始向豆先生答疑解惑：

首先，依据法律规定和司法解释，佟女士有权利卖房子，但前提是要确定佟女士是否履行完她和开发商签订的购房合同中的义务，也就是要确认佟女士是否有拥有房屋的完整权属。

其次，合同是否有效，主要看王先生获得佟女士的授权是否真实有效。如果王先生有权出售该房屋，那么，豆先生和王先生之间，按照市场上的合同范本，补签一份关于房屋买卖没有签订的书面协议即可。

再次，在豆先生的买卖合同合法有效的前提下，是可以办理过户的。但是有很大的风险：一是要确定开发商目前的状态，如果已经注销或者吊销，将无法配合完成过户；二是佟女士是外国国籍，如果进行诉讼，则时间比较久。

最后，由于目前开发商的状态不明、小区行政楼号作过变更以及佟女士的国籍问题，在正式的诉讼前，会涉及一系列的调查，时间和费用会有所增加。

【委托律师，京城易居】

听了笔者做的分析后，豆先生认为笔者分析得很全面、很专业。认为笔者不仅就事情的本身提出解决办法，还对未来可能发生的结果做了预测性的分析和风险提醒。对于笔者的专业程度高度认可，豆先生当场就签订了委托代理合同，全权委托笔者来处理这件事情。

笔者接受委托后，立即按照给豆先生分析的思路着手开展准备工作。同时也叮嘱豆先生尽可能找到贷款结清的凭证、打印缴纳所得税的凭证等。

第二天，笔者就立即前往昌平区工商局，调取开发商的工商登记档案，查明了开发商所在公司目前处于注销的状态；在北京市公安局昌平分局，调出了佟女士的户籍信息，核实其已经移民加拿大；在昌平区房管局调查核实了豆先生房屋所在小区的初始登记情况、佟女士与开发商房屋买卖合同的登记备案情况，以及豆先生房屋上有无存在查封、抵押等情况。

查询到以上情况后，笔者开始考虑：在开发商已经注销或者吊销，将无法配合完成确权的情况下，如何帮助豆先生完成过户的诉求？

笔者经过几番检索，终于找到了北京市新出台的关于此类房屋产权证书办理的文件，即北京市住房和城乡建设委员会颁布的《关于历史遗留房地产开发项目房屋登记有关问题的通知》（京建发

[2010] 1 号）和北京市地方税务局、北京市住房和城乡建设委员会联合发布的《关于明确历史遗留房地产开发项目房屋契税征管问题的通知》（京地税地［2010］28 号）文件。上述两份文件明确规定了在开发商已经注销破产等情况下，如何为购房人办理房产证。

下面的问题是如果诉讼，佟女士作为被告是要参加诉讼的，但是因佟女士是外国国籍，且目前住址不详，可能诉讼周期会比较久。

笔者将上述法律分析向豆先生转达后，豆先生对于漫长的诉讼时间很无奈，同时表示了自己的担心：万一在诉讼过程中，如果再一次发布更严格的限购令，万一再不允许办理过户了，那又该如何是好？

笔者向豆先生解释：按照北京市法院司法裁判规则来看，若是确有证据证明买卖行为发生在限购政策之前，而且已经交付了房款且已经入住的，法院是会支持豆先生的过户诉求。

经过豆先生千方百计地联系，最终联系上了佟女士，也约好了见面的时间。见面的时候佟女士表示这个合同已经履行完了，和自己也没有什么关系，现在开发商注销了，只要豆先生和律师能办理过户，她都配合。

听到佟女士的表态，我们都松了一口气，然后和佟女士补签了书面的《商品房买卖合同》以及相关的文件，最终通过诉讼取得了胜诉的判决。律师拿着法院的判决，多次和住建委进行沟通，按照住建委的政策提交了全部的材料，最终顺利地为豆先生办理了过户手续。

【办案心得】

笔者现在回想起这个案件，也是很有感触的。并不是说这个案件的案情有多复杂，或者说在庭审过程中原被告双方的对抗有多强烈，更多的是仔仔细细利用法律的逻辑思维去分析案情，剥茧抽丝地将案件的核心点找出来。

在本案中，案件的核心点就在于：

（一）在没有取得房屋产权证书的时候，将房屋出售，合同是否有效？

以前，出卖人在尚未取得产权证的时候，将房屋出售，确实有法院判决合同无效。但是，现在司法实践统一的裁判规则是，出卖人没有产权证出售房产并不影响合同的效力。因为佟女士和豆先生之间的房屋买卖合同，既不违反《合同法》关于合同无效的规定，也不违反《房地产管理法》对于房产交易的强制性规定，是合法有效的。

在我国的《合同法》第 52 条规定了五种合同无效的情形，"（一）一方以欺诈、胁迫的手段订立合同，损害国家利益；（二）恶意串通，损害国家、集体或者第三人利益；（三）以合法形式掩盖非法目的；（四）损害社会公共利益；（五）违反法律、行政法规的强制性规定。"

看到这里的读者肯定好奇，《合同法》第 52 条第 5 款中所谓的强制性规定是什么呢？

事实上，法律规范分为强制性规范和管理性规范。

所谓效力性规范，是指只要违反了法律规定，就必然导致合同无效的法律后果。主要表现为：其一，违反此类规范必然导致合同无效；其二，虽然法律没有明文规定违反此类规范的后果，但是履行合同将损害国家利益和社会公共利益；其三，违反此类规范不仅会导致合同无效，而且还会受到行政甚至刑事的惩处。

所谓管理性规范，是指违反了法律规定，但不一定必然导致合同无效的后果。比如，有的行为违反了管理性规范可能只会产生行政责任。

（二）在开发商已经注销的情况下，购房者能否办理房产证？

就北京市来说，这个答案是肯定的，而且已经经过了实践的检验。但在 2010 年的时候，绝大多数的同行都是不知道答案的。当时豆先生也咨询了好几家的知名律所，其均表示，无法完成办理过户。

当初笔者处理这个案件的时候，最大的难题就是开发商注销了产权证如何办理。因为笔者经常关注政府出台的一些房地产相关的政策，也特别关注法院处理房地产案件的裁判规则，所以笔者迅速了解到了北京市住建委出台的关于历史遗留问题的规定，从而也为代理这个案件留下了机会。

法条链接：

名花有主
——被更改的小区配套登记

【幸福的小区基本相似，不幸的小区各有不同】

2012 年，张女士和丈夫金先生在双新小区买了一套大三居室的房子，装修好之后小两口满心欢喜地入住了。说到双新小区，不得不说这个小区占地面积不小，分为 A、B 两个区域，两个区域都有自己的物业服务公司。两个区域之间由一条不太宽阔的东西向马路连接，小区的锅炉房也在这条路上。因此，这条马路还有一个名字叫东暖路。在路的两旁种着张女士最喜欢的樱花树，每年四月份的时候，大家在这条路上驻足拍照，情侣们踏着掉落的樱花瓣在树下的座椅上说着悄悄话。这条马路被绵绵的爱意填满。张女士和金先生约定每年都要在东暖路的樱花树下拍一张合照，见证相互陪伴的日子。也是因为喜爱东暖路，张女士当时一眼看中了双新小区，和金先生在这里安家落户。

双新小区在开盘不久之后就入住了 80% 的业主，业主们通过律师成立了业委会，金先生当选为业委会的成员。业委会主要是代表业主向开发商、物业公司主张权益。在双新小区成立业委会不久，糟心的事情就来了。

一天傍晚张女士和金先生在小区楼下的健身会所打羽毛球，几个不明身份的人突然间开始大喊："这里要拆了盖一个车棚，大家都停下来快点离开，不然受伤了概不负责！""什么，盖车棚？怎么没听说这件事呢，大家健身好好的为什么要改成车棚呢？"金先生问其中一个施工大哥："大哥，谁让你们来拆的呀，这是我们小区，你们不能说拆就拆呀。""不知道,应该是开发商吧,找我们几个要改成车棚,让我们一周之内就完工呢,你们快点躲开吧,受伤我们可负不起责。"说完就开始拆羽毛球网。金先生便飞快赶到物业想和对方核实。谁知道物业没人,金先生只能改天再去。

业委会成立之后,对小区进行全面的管理。A区的3号楼是一个社区活动中心,这里有一些健身器材、桌椅板凳,平时小区有什么事情在这里可以开会讨论,大家也可以过来看书。业委会经过一致讨论决定要把这里装修整改成小区里面的图书馆。但没有想到的是,物业公司说活动中心是开发商的,就是不让整改。

这下真的把金先生激怒了,先前是小区的健身会所改造成车棚,现在又阻止业主修整活动中心,开发商怎么这么霸道,明明都是大家的地方,怎么都成开发商的了。业主们也都很纳闷,社区活动中心都是咱们业主自己的,凭什么开发商不让整改呢,这和开发商也没有关系啊。业主们决定和开发商的经理当面谈谈这件事。但是开发商丝毫不配合,竟然让物业公司的人出面商谈。业主们当然不答应,第一次谈判就这么不欢而散了,关键是没有谈出结果来。业主们准备再找开发商谈一次,这次要是态度还那么强硬,就只能通过法律途径解决了。和开发商协商,他们依然推三阻四,今天拖明天,明天拖后天。金先生当机立断找到笔者,笔者帮他起草了一个律师函,告知开发商我们不放弃诉讼的途径解决问题。开发商似乎有点怕了,收到律师函之后终于答应和业主们谈判。

谈判当天金先生和其他两位业委会的委员来到了开发商的办公室。开发商开门见山,还不容业主们说话,一上来就甩过来一叠房产证的复印件:"你们看看吧,房产证在这呢,白纸黑字,3号楼的产权人是我们,你们也别闹了,实在不行也可以告我们,咱也别说那么多废话。"金先生看着房产证简直要气吐血,房产证上的3号楼还有小区健身会所的所有权人竟然都是开发商!这让在场的业主们都很意外,惊讶得说不出话来。金先生一下子想到了他和张女士最喜爱的东暖路,忍不住说:"这怎么能是开发商的呢,社区活动中心、健身会所,这些都应该是小区的配套设施,属于全体业主共有的,怎么成开发商的了呢?"金先生的声音划破了一时的安静,业主们好像才回过神来和开发商理论，但是开发商根本不听这一套，开始往外赶人。开发商如此解决问题，金先生虽然生气但还是理性地说"那就法庭上见吧！"便摔门走了。

事后业委会开会讨论，大家一致决定找律师维权，相关的事情授权给金先生办理。

【调查取证，问题层出不穷】

金先生找到了笔者，说明了当时的情况。笔者给金先生分析如下：第一，小区的配套公建是否属于全体业主共有的，在司法实践中的看法不一，一般来说电梯、消防设施、医院、幼儿园都是小区的配套，但并不是说小区的配套就一定是业主共有的，像电梯、消防设施就是业主共有的，但是比如会所、医院、幼儿园就可能不是业主共有的，有的就是登记在开发商名下。双新小区的 3 号楼还有健身会所是否属于小区的配套公建，还需要进一步做信息公开了解其规划用途。第二，若 3 号楼和健身会所属于双新小区全体业主共有，但是开发商把它登记在自己的名下，显然是不合法的或者说权属登记本身就是错误的。第三，房产证已经办下来了，接下来要提起行政诉讼撤销房产证。为什么笔者要选择行政诉讼撤销房产证而不是民事诉讼去起诉开发商确认所有权属于业主呢，金先生向笔者提出了这样的疑问。这是因为办理房产证的行为属于行政法上的具体行政行为，一旦房产证办下来了说明具体行政行为已经做出，此时这个行为就具有了确定力。又应当如何理解确定力呢？确定力的意思是说当一个部门做出具体行政行为后，非经法定事由并经法定程序是不能随意变更的，任何国家机关、社会团体或个人都要遵守，在这个行政行为没有被撤销之前，它就是合法有效的。所以想要继续使用 3 号楼和健身会所，我们应当先去诉讼撤销房产证，这样的诉讼策略是一针见血的，而起诉开发商确权可以说是隔靴搔痒，作用不大。金先生听了笔者的分析觉得很专业并且案件空间还很大，于是委托了笔者代理这个案件。

笔者开展工作的第一步，是让金先生提供了当时手头的所有证据，金先生当时只有三号楼房产证的照片，由于证据很少，所以还需要律师到现场调查取证。第二步，向住建委申请公开双新小区规划设计图，明确 3 号楼、健身会所的规划用途。第三步，在等待信息公开答复的期间，笔者到双新小区现场实地调查。这一调查发现问题远比想象中的复杂。

2012 年 4 月 13 日，笔者一大早打车到了双新小区。首先到了业委会的办公室找到金先生。金先生先带我到车棚处看了一下，又给我看了昔日这里的照片，果然别是一番风景。车棚里面零星的有两辆自行车停在里面，其余的大部分位置都是闲置的，据金先生说，平时车棚的作用也不大，因为现在共享单车、公共自行车这么普遍，其实根本用不上车棚，真是浪费大家的公共资源。金先生说的确实有道理，在共享经济如此发达的今天，更多人尤其是年轻人愿意选择使用共享单车，建造车棚有点画蛇添足了。看完车棚金先生又带我去了活动中心。活动中心在小区的 b 区域，我们从车棚处过去需要经过东暖路，金先生给笔者解释了一下东暖路名字的由来，说到因为锅炉房才取这个名字的时候，金先生问道："王律师，这个锅炉房是不是也应该是业主的啊，因为是为业主服务的。""锅炉房的权属在实践当中的司法判决非常不统一，有的法院根据物权法的规定，认为锅炉房属于业主共有，但是也有法院判决这不是业主共有的，而且很多的锅炉房实际上产权在开发商的名下，这种情况下如果业主想要争取所有权，可以尝试一下，可能会比较困难。""王律师，有没有什么办法我们能查查这个锅炉房有没有登记在开发商的名下呢。""这个简单，业主或者业委会可以到不动产登记中心查询。""下午我就去查，王律师时间方便的话陪我一起去吧，倒要看看开发商都背着我们做了什么事情。""行，下午正好有 2 个小时的空余时间。"说完我们走到了双新小区的活动中心，这个活动中心是我见过的硬件设施最好的，但是这里还有很多空间没有利用起来，也难怪业委会想要把这里改造成一个图书馆，金先生还给我看了一下他们的设计图纸和效果图，非常精美，建成之后可以说是给大家造福了。

下午我带着金先生到了不动产登记中心，真是不查不知道一查吓一跳，锅炉房的所有权也是登记在开发商名下的！正是笔者和金先生所说的最后一种情形，在这种情况下想要主张锅炉房的所有权可能比较困难，但是在了解到金先生的诉求之后，我知道金先生作为小区的业主代表要为全体业主负责，所以在这个问题上我们必须一试，为所有业主争取。这一次金先生淡定了许多，这个结果估计也是在金先生的意料之中，只是看得出他维权的决心更加坚定了。于是关于锅炉房的规划用途，笔者再一次申请了信息公开。

【信息公开，喜忧参半】

周一的早上，笔者收到了市规划局的信息公开答复，答复的结果让笔者喜忧参半。3号楼的规划用途为双新小区配套公建及附属用房（A区）物业管理楼，这个结果对我们来说是一个利好的消息。物业管理楼作为小区的配套公建，根据《物权法》第73条的规定："……建筑区划内的其他公共场所、公用设施和物业服务用房，属于业主共有。"但是开发商竟然把它登记在了自己名下，很明显这样的行为是违法的。根据我们的诉讼策略接下来我们将起诉市住建委撤销房屋产权证书。健身会所的规划用途为会所，作为会所来说所有权不一定是业主共有的，但是已经被改建成了车棚，这明显就是违反规划的行为了。业主购房不仅仅是作为居住使用，更是为了好的生活体验，提升幸福感。业主能够享受小区内的优美环境、健全的设施和服务，也是开发商建造高端小区的意义所在。而开发商改变规划的做法，是和业主买房的根本目的相违背的，无论是从行政管理还是从民事侵权的方面来看，都可以要求开发商承担相应的责任。根据《城乡规划法》和《北京市城市规划条例》的相关规定，建设单位没有按照建设工程规划内容进行建设，城乡规划部门可以进行责令其停止建设、限期整改，对其进行罚款、没收违法收入等的处罚。民事责任方面可以要求开发商承担违约责任。

锅炉房的规划用途为供热场所锅炉房，这样的表述在司法实践中的看法很不统一，没有法条明确规定锅炉房是业主共有的，购房合同中也没有约定权属，而且开发商还办理了房产证，我们诉讼确认锅炉房属于全体业主共有的风险还是很大的。

信息公开的结果出来之后笔者马上给金先生打了个电话，和他进一步分析了笔者之后的工作安排：第一，根据信息公开的结果向金先生做一个信息公开的调查分析报告，把相关的风险向金先生及双新小区业委会的其他成员告知。第二，针对3号楼登记在开发商名下的情况着手准备起诉市住建委撤销该房屋所有权证书。第三，针对健身会所改变规划用途，起诉开发商承担违约责任。第四，针对锅炉房起诉开发商确认其所有权，但是这个诉讼有很大的风险，毕竟锅炉房在法律上没有明文规定必须为业主共有，相对会有一定的阻力。

【如履薄冰，漫漫诉讼路】

对于三个诉讼立案的设计，笔者首先起诉市住建委，主要是因为如果法院判决撤销了3号楼的房产证，那么对于3号楼的权属后续还要进行民事诉讼近一步确权。所以基于对时间成本及多个诉讼之间的逻辑关系的考虑，笔者先去起诉了市住建委撤销房产证。立完行政案件，还有两个民事案件，虽然都是起诉开发商，但是诉讼的法律关系不一样，相应的案由也不一样，涉及的管辖也是不一样的。因为针对健身会所业主们主张违约责任，所以案由是合同纠纷案件，应当到被告也就是开发商的住所地立案。锅炉房业主们主张确认所有权属于业主共有，所以案由是物权保护纠纷，应当在涉案房屋也就是锅炉房的所在地立案。庆幸的是开发商的住所地和锅炉房的所在地都在一个区，这两个案件就一起立了案，给笔者立案省掉了不少时间。

在起诉市住建委撤销3号楼房产证的行政案件中，笔者主要陈述了3号楼的规划用途为双新小区配套公建及附属用房（A区）物业管理楼。根据《物权法》第73条的相关规定，物业服务用房属于全体业主共有。所以，3号楼的房产证权属登记错误，实质违法，故应当撤销，法院最终采纳了笔者的代理意见，判决被告撤销其对3号楼做出的房产证。虽然这个诉讼胜利了，但是接下来的两个民事诉讼也不能掉以轻心。

起诉开发商健身会所案件开庭的那天上午笔者早早来到法院等待金先生，和他再一次沟通了案件的情况和诉讼时的注意事项。我们在法院的当事人等待区聊得差不多了，安心等着法官叫我们开庭，但是一个多小时过去了，庭审迟迟没有开始，笔者下午在其他法院还有开庭，不禁十分焦急，出去一看发现原来法官的上一个庭审还没有结束，只能耐心等待，又过了 15 分钟，我们的庭审终于开始了。

法庭上法官总结我们双方的争议焦点为开发商是否确保了其在宣传中约定的会所功能，如果涉案房屋的会所功能丧失，开发商是否构成违约，如果构成违约，应当如何承担违约责任。根据争议焦点笔者主张虽然在当初业主和开发商的购房合同中没有明确约定小区配备健身会所，但是根据开发商当时的宣传手册，和金先生提供的照片、录音等证据材料，可以明确看出健身会所是开发商宣传的小区配套，很多业主因为有这个健身会所才购买该小区的房屋，健身会所已经对于业主订立购房合同产生了实质影响，应当视为合同的条款。根据信息公开的调查结果显示，健身会所的规划用途就是会所，改建车棚的行为是违反规划的违法行为。从会所投入使用的情况来看，一开始健身会所的服务内容符合其原本用途，但是开发商将其建造为车棚之后，会所的功能已经完全丧失。故开发商已经构成违约，应当承担违约责任——恢复原状、支付违约金。笔者陈述了上述三点，开发商的答辩意见主要围绕一点展开，即健身会所在合同中没有约定，开发商不承担违约责任。对于其违反规划的行为只字未提。这一场庭审结束时已经快到下午一点钟了，和金先生复盘了一下庭审情况之后，笔者又匆忙赶到下午的开庭法院去了。

起诉开发商确认锅炉房所有权属于全体业主共有，庭审中笔者依据两点展开论述：第一，根据《物权法》第 73 条规定："建筑区划内的道路，属于业主共有，但属于城镇公共道路的除外。建筑区划内的绿地，属于业主共有，但属于城镇公共绿地或者明示属于个人的除外。建筑区划内的其他公共场所、公用设施和物业服务用房，属于业主共有。"锅炉房作为小区的公共设施，权属为业主共有自不待言。第二，根据建设部（已撤销）颁布的《住宅共用部位共用设施设备维修基金管理办法》（本法规已被《住宅专项维修管理办法》废止）第3条规定，"共用设施设备是指住宅小区或单幢住宅内，建设费用已分摊进入住房销售价格的共用的上下水管道、落水管、水箱、加压水泵、电梯、天线、供电线路、照明、锅炉、暖气线路、煤气线路、消防设施、绿地、道路、路灯、沟渠、池、井、非经营性车场车库公益性文体设施和共用设施设备使用的房屋等"。也明确了锅炉为小区的共用设施设备。在《商品房买卖合同》中没有明确规定锅炉设备属于开发商或其他人的，均属于小区业主所有。但是被告主张，法律并没有明确指出锅炉房属于公共配套，只是说明了锅炉是共用设备设施，而锅炉和锅炉房并不是一个概念。而且锅炉房的产权证已经在开发商名下，权属应归开发商所有。这样的答辩意见果然不出笔者所料，这也是本案诉讼的关键风险所在，我们都无法避免，但只能去尽力争取最好的结果。开过庭之后，我们焦急地等待着法院的判决结果。

【尘埃落定，终于收获满意结果】

一个加班的周五晚上，笔者收到了健身会所的判决书。最后法院认为开发商的宣传手册对于健身会所的描述明确、具体，并且对于买房业主购房产生了实质的影响，应当视为合同的一部分。并且开发商把会所改建成车棚之后，其会所的功能完全丧失，已经构成违约。法院支持了我们的诉讼请求，认为开发商违反规划，应当恢复原状，而且酌情判决开发商赔偿金先生10万元的违约金。

另外锅炉房的案子判决也一并作出了，法院最终支持了被告的观点。认为法条没有明文规定锅炉房属于公共设施，并且开发商也已经取得了相应的产权，所以不能认定为业主共有。

两个民事案件的判决结果金先生和其他业主也都表示了认可，虽然锅炉房的案子没有得到法院的支持，但是这样的案子在司法实践中的看法确实不一致，大家对于法条的理解不一样，结果也会不一样。

【办案总结】

　　这个案子给笔者留下了很深刻的印象，那么小区中的哪些配套是业主共有的呢，在这里做一个总结。首先关于配套权属的问题首先要看配套是什么。第一是业主共有的部位，分为两类，一类是共用部位，一类是共用设备设施。所谓共用部位一般包括：住宅的基础、承重墙体、柱、梁、楼板、屋顶以及户外的墙面、门厅、楼梯间、走廊通道等。共用设备设施主要包括电梯、天线、消防设施、照明、绿地、道路、共用设备设施使用的房屋等。第二是《物权法》第73条规定的公共场所、公用设施，但是没有明确的列举。第三是《城市居住区规划设计规范》规定的公共服务设施，包括教育、医疗、卫生、文化体育等。

　　关于配套的权属问题要看配套是什么并且属于哪一类。像共用设备设施、共用部位，尤其是《住宅专项维修基金管理办法》规定中列举的部分都属于业主共有，但是对于公共服务设施，比如文化体育用房、会所、商业服务用房就不一定是业主共有的了，需要注意的是即使是小区的配套设施，也不一定就是全体业主共有的。像本案中，虽然法院支持了健身会所恢复原状，但是对于其所有权并没有确认为是全体业主共有的，锅炉房也是同样的道理。

法条链接：

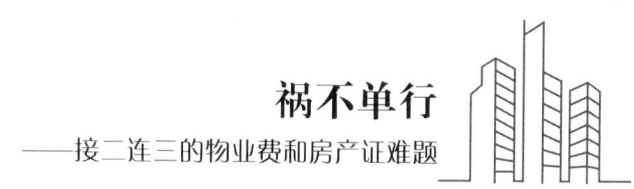

祸不单行
——接二连三的物业费和房产证难题

【打包烦心事】

这个故事的时间跨度很长，要从 2003 年说起。

皇家国际小区是宁港区数一数二的高端小区，很多明星艺人都住在这个小区，这个小区一向以高端、奢华为主打卖点。小区内是商业与住宅的业态组合形式，因为业态形式的不同所以一直以来皇家国际小区内同时存在两家物业公司分别对商业区域和住宅区域进行管理。住宅区域的幸福物业公司因为服务管理不符合业主们的要求，常常被投诉，小区开发商也不堪业主们的投诉，准备换一家物业公司。2003 年 5 月，现豪物业公司受皇家国际小区开发商的委托为皇家国际小区的住宅区域提供物业管理服务，但是原来的幸福物业公司却拒绝退出。这样一来，小区内就有三家物业公司。现豪物业是宁港区有名的物业公司，同时服务当地多家高端小区，公司的标语就是：现豪物业是您的贴心管家。很多业主买房时听说物业公司是现豪的也会给开发商加分，从而使得开发商的房子卖得火爆。我们故事的主角之一就是现豪物业公司，现豪这个名字的来历也很有趣，据说是当时创办公司的老板特别喜欢的一个明星的名字里面有"现"字，然后加上老板自己名字中的"豪"字就临时起了现豪的名字。虽然名字起得随意，但这个名字却意外地很"旺"公司，给公司带来了不少客户，后来现豪物业就越做越大，在当地也小有名气。

我们故事的另一个主角是齐济。齐济（化名），男，35 岁，皇家国际小区 42 号楼 3 单元 2108 室的业主。齐济是一名外科医生，因为本身是理科生，加之医生的职业特点，他平时的做事风格非常沉着、稳重。

这里不得不介绍一下故事的第三位主角：皇家国际小区开发商，这家开发商是位"金主"，当地另一个著名的小区漫漫湾也是它开发建设的，当时刚开盘房价就达到近两万一平方米，其财力雄厚可见一斑。

我们的故事从物业服务合同纠纷开始，但事实上引发这一切矛盾的源头却是另外一件事，且听笔者慢慢道来……

在皇家国际买了房子之后开发商一直都没有给齐济办房产证，按说正常的房子早就应该拿到房产证了，齐济也联系过售楼处的工作人员，但是也没能讨到说法。皇家国际小区拿不到房本的业主不仅仅是齐济一个人，有些法律意识比较强的业主诉讼过开发商，但是当时因为开发商没有竣工验收，不具备办理房产证的资格，所以也就没有办成。齐济知道这件事情之后更加恼火，买的房子竟然还没有竣工验收，一气之下物业费也不缴纳了，加之本来小区内就有三个物业公司弄得业主晕头转向，有事都不知道找谁，三家物业公司都不做事，小区的环境更是乱起八糟。也有很多业主像齐济一样通过不缴纳物业费来表示抗议，结果物业公司的服务更是越来越差，形成了恶性循环，互相僵持不下。

齐济也是个明白人，准备找律师通过诉讼解决开发商不给办理房产证的事情。无巧不成书，就在那几天，齐济收到了一张来自法院的传票，随之而来的还有现豪公司的起诉状和证据，现豪公司把齐济告上了法庭，主张索要物业费和滞纳金，齐济清清楚楚地看着诉状中写道：要求齐济支付六年多的物业服务费及滞纳金。顿时气就不打一处来，物业公司竟然恶人先告状。齐济转念一想这样也好，新仇旧恨一起算吧，开发商和物业公司的这些烦心事都打包给律师帮忙解决，于是齐济通过朋友找到了笔者。

【积极应诉，主动出击】

既然现豪物业公司已经起诉了齐济，那么我们就坦荡地应诉。

由于法院已经发了传票，开庭的时间迫在眉睫，笔者必须尽快准备好开庭材料和证据，当然这也给齐济带来了不小的挑战。在笔者的安排下，我们还是有条不紊地进行诉讼的准备工作。首先，齐济需要提供小区内物业服务不好的证据，比如电梯损坏、路灯损坏、小区环境脏乱差等证据，可以是照片的形式，也可以进行录像并对具体出现的问题进行解说。其次，笔者开始准备答辩意见，根据现豪物业公司的诉讼请求，笔者准备了六点抗辩意见。

（1）由于小区内存在不同的业态形式导致同时有三家物业公司为小区提供物业服务，齐济实际上无法判断现豪物业具体提供了哪些服务也无法判断哪些是现豪物业服务的范围。

（2）因为皇家国际小区对外宣传为高端住宅小区，所以现豪物业公司依据《北京市高档住宅物业管理服务收费暂行办法》［京价（房）字1998第394号］向齐济收取物业费，但这个理由根本站不住脚。首先，就目前小区的实际情况来看，小区连基本的电梯、路灯这样的设施都经常损坏且无人维修，业主们正常使用都存在问题，很难说是高档住宅的标准。其次，现豪物业公司依据的上述法律条文于2006年1月1日起就已经失效，不能依据一个失效的文件收取物业费，所以现豪物业根据作废的收费办法收取物业费是没有任何依据的。

（3）笔者主要罗列了现豪物业在提供物业服务过程中存在的问题，比如电压不稳，小区存在安全隐患，小区内的基础设施如电梯、路灯损坏等。作为专业的物业服务公司，现豪物业提供的服务存在严重的质量瑕疵，也不符合《北京市物业管理条例》中的服务要求，更不符合皇家国际小区业主手册中物业管理服务内容的承诺标准。

（4）现豪公司从未向业主发过书面的催缴通知，齐济也从未收到过。

（5）笔者主张现豪物业公司收费混乱，没有依据《北京市物业管理条例》第23条的规定履行公示服务内容、服务标准以及收费项目、收费标准等公示义务，也没有公示物业服务的收费明细。齐济作为小区业主，多次要求现豪物业公开物业服务费用的支出情况以及使用明细，但多次遭到拒绝。

准备完答辩意见的那天晚上，笔者不经意抬头时发现已经是子夜一点半，虽然有些疲惫，但心里却觉得满足，笔者要为自己的当事人尽最大努力去争取，这也是身为律师的基本职业道德。

【胜诉结果，任重道远】

在审理过程中，为了能让法官直观地感受到物业公司所提供服务的现实状况，笔者申请法院去现场查看。来到现场，法官看到的是小区里垃圾到处都是，电梯值班的人员在睡觉而且衣衫不整，小区里还有一处在修建地下车库漫天黄土飞扬，地下车库粪便很多臭味熏天，楼道里很多照明灯损坏无人修理等。从小区出来，法官说了一句话"这个房子要是送给我，我也要考虑一下"。

经过法院审理，法院最终以现豪物业公司没有按照《最高人民法院关于审理物业服务纠纷案件具体应用法律若干问题的解释》的规定书面催交物业费，所以裁定驳回了现豪物业公司的起诉。裁判结果出来之后笔者马上告诉了齐济，齐济和笔者都很开心。

虽然解决了第一件烦心事，但齐济还有第二件烦心事。皇家国际开发商在2004年和齐济签完《商品房买卖合同》之后一直没有给他办理房产证，为什么呢？因为规划主管部门要求开发商在小区建设19层的住宅，但是开发商擅自建设了21层，严重违反了政府的规划审批，所以规划主管部门一直未给予开发商规划验收合格证明，从而导致开发商无法取得竣工验收备案，自然也就无法办理产权证了。开发商虽然交付了房屋，但是房屋没有经过竣工验收，所以交付的房屋根本不合格。齐济希望笔者帮助他要到一个合格的房子，取得房屋的产权证，还有这么多年没有办理产权证应该支付的违约金。

笔者结合房屋的实际情况以及《商品房买卖合同》的内容，觉得齐济的诉求是有难度的。一是这个房子到目前为止还没有取得竣工验收备案，所以要求开发商交付合格的房子法院无法支持；二是因为房屋没有取得竣工验收备案，所以要求法院支持办理过户取得产权证，也很难实现；三是主张逾期办证的违约金是可以的，但是合同中对于违约金做了限制，即逾期30天内按照总房价日万分之五的标准支付违约金，但是总额不能超过总房价的2%，算下来总共也就是3万多元，这些钱可能还不够支付律师费呢。律师把这几个顾虑说给了齐济，希望他能有心理准备，齐济表示："律师来决定，我相信律师！"

客户信任律师，这是一个律师的骄傲！

笔者结合公平原则和利益最大化原则，初步策划了三项诉讼请求：第一，判令开发商向齐济支付逾期交房的违约金，因为房屋没有竣工验收备案，即便交付了房屋也不具备交房的条件；第二，判令开发商向齐济支付逾期办理房产证的违约金，按照总房价日万分之五的标准计算；第三，判令开发商协助齐济办理房屋的产权过户登记手续。齐济自然赞同，希望真的能得到一个公平的判决。

【头脑风暴，据理力争】

开庭的日子很快就到了，是时候和皇家国际开发商做一次真正的了结了。开庭的当天因为齐济有手术所以没能出庭，笔者更是要据理力争给当事人一份满意的答卷。

笔者陈述完我方的诉讼请求之后，开发商答辩认为：第一，虽然房屋没有竣工验收备案，但是房屋已经交付，所以不能再主张逾期交房的违约金；第二，逾期交房违约金和逾期办证违约金不能同时主张；第三，逾期办证违约金按照合同约定有最高额的限制，原告的计算标准不认可；第四，目前房屋无法办理产权证所以无法协助办理过户手续。

最终法院认为：第一，涉案房屋虽然尚未取得竣工验收备案手续，但是已经实际交付给了原告，原告也已经入住，所以再主张逾期交房违约金法院不予以支持。第二，关于逾期办证的违约金，依据合同约定有总额的限制，但是这个限制对于原告明显不公平，且该条款剥夺了原告的主要权利，属无效条款，法院根据公平原则，对违约金数额依法酌减为总房价日万分之三的标准支付，支付到判决生效为止。第三，因房屋还没有取得竣工验收备案表，故要求开发商协助办理房产证的条件还不具备，待条件成就后，可以另行主张。

3个月之后笔者收到了法院的判决书，对于这个结果笔者在开庭之前也给齐济做了风险提示，齐济对判决结果和笔者的工作都表示认可。

【律师分析】

本案例涉及两个纠纷，即物业服务合同纠纷和商品房买卖合同纠纷，下面笔者分别进行总结。

（一）物业服务合同纠纷

物业服务合同纠纷是朋友们在生活中经常会遇到的。在司法实践中，业主一般拒绝缴纳物业服务费都有自己的理由，通常的理由为：物业公司服务不到位，服务质量不好，收费标准过高，违反合同约定，对自己室内的房屋质量问题没有完全修复好等。

在诉讼中，业主要想做好抗辩，首先需要厘清一个事实，即物业公司提供物业服务的范围或者边界在哪里。很多小区的业主，之所以拒绝缴纳物业服务费，是因为房屋室内存在质量问题，屡次要求物业公司维修均未得到修复，于是拒绝缴纳物业服务费。但实际上，物业公司的职责是对小区内的公共部位、公共设备设施进行维修、养护、管理，对于业主室内的专有部分并没有服务的义务。在这种情况下，业主拒绝缴纳物业服务费，一般很难得到法院的支持。

其次，业主要具备取证的意识。比如业主认为物业公司违反合同约定、服务质量不好等，具体表现在哪里，如何用证据进行体现，这是法院审理案件的关键。在实践中，业主往往理由很多，但是没有任何物业公司服务质量不好的相关证据，最终也无法获得法院的支持。所以，平时要注意证据的搜集工作。说到证据，就要提到相关的举证责任的最新规定。2019 年 11 月 20 日北京市高级人民法院出台了《关于立案审判适用法律若干问题的解答（二）》，其第 41 条规定："物业服务合同纠纷、供用热力合同纠纷案件的举证责任如何分配？在追索物业费、供暖费的案件中，应由原告承担其与被告之间具有物业服务合同或供用热力合同关系的举证责任。被告对原告提供的物业服务不到位或者供暖温度不达标并完成初步举证的，举证责任转移至原告，由原告承担物业服务符合标准或供暖温度达标的证明责任，并承担举证不能的法律后果。"这个规定出台之后，关于追索物业费的案件，不再是以前的由业主来承担证明物业公司物业服务不到位的证明责任，而是由业主对此进行初步举证就可以了，随后，物业服务是否符合标准、物业服务质量是否合格需要由物业公司来证明，若是物业公司不能证明他们的服务是符合标准的，将承担举证不能的后果。

再次，业主若是认为物业服务收费过高，或者认为物业服务质量不合格，可以申请第三方机构进行物业服务价格评估和服务质量评估。但是此种评估是针对整个小区而言的，评估结果可以为全体业主使用，评估价格往往比较高，在这种情况下个别业主很难选择评估。

最后，要注意物业公司收取物业费的程序要求。比如，物业公司是否履行了书面的催缴义务，物业公司是否存在扩大收费或者乱收费等行为。

(二) 商品房买卖合同纠纷

针对商品房买卖合同纠纷，诉讼请求的设计具有很强的技巧性。律师不能保证法院一定如何判决，但是律师应该为当事人利益最大化去设计诉求，同时应该就风险让客户有所了解。

就本案而言，合同条款中对于逾期办证的违约金的最高额进行了限制，那么律师是不是就一定按照这个标准来主张呢？实践证明不一定，因为这个条款本身不公平，必要的时候可以突破合同的限制来为客户争取最大的利益，这也是律师应该做的事情。

法条链接：

风起云涌

——集体诉讼的起起伏伏

"这个房子真的不能要了，承诺的都没了，属于欺诈啊！"

"啥玩意这都是，水帘洞啊？"

"我和你说，从房屋结构上来说，我买的房子一定不符合规范。"

"不能住不能住，房子烂成这样，找他们领导。"

"找大股东啊，找下面的公司有什么用，直接起诉他们。"

"我听大家的，怎么安排我怎么做，我和大家意见一致。"

"工商、法院、信访！事越大越好！"

"之前的怎么没信儿？是不是被收买了？"

"我找了市政府的关系，我觉得……"

"那个……这是我做的 PPT，要不要……"

"律师，咱们怎么办？"

是的，没错，这就是这个案子的开始，详细案情还且听笔者慢慢道来。

【一美二哄三签约】

那天正是立春，虽然是一年初始，万物复苏，却也实在躲不开冬天最后的倔强，每次上班途中总要接受寒风的洗礼。就在笔者刚刚到办公室的时候，接到了一通电话，是笔者之前的老客户，说是有一个集团诉讼的案子希望我能帮忙处理，其中一个客户是他的朋友，鉴于之前笔者帮助他处理过一起非常棘手的案子，也深知集团诉讼、集体维权对于律师专业性要求很高，因此，想要将笔者介绍给他的朋友，希望双方能见一面。笔者大体了解了案子的概况后，就和这位老客户约定了见一面，提前沟通一下。

到了约定的时间，是一男一女两位业主。男士姓徐，女士姓白，徐先生看起来文质彬彬，很是稳重，经了解知道徐先生做的是外贸生意。白女士一袭长发也是明媚动人，气质十分优雅，然而在聊天过程中发现，男士确实稳重，让笔者意想不到的是，女士却是个开朗、果敢、十分有气度的人。哪怕做律师多年，也会被其爽朗的性格所感染。

根据他们的描述，小区的开发商属于国内顶级知名开发商，而开发的小区也是以顶级园林别墅进行宣传的，一直以王府、宫廷概念作为噱头，突出小区的艺术格调，让所有业主享受古色古香氛围的同时，更有一种简洁高雅的档次提升体验。况且开发商有很多在全国成功的典范，自然博得了许多业主的好感，开盘之初，看房人络绎不绝。

而在开发商初期宣传销售时，又特地在销售中心的外院修建了一整座公园，虽然公园面积整体不比市政公园，但公园配置堪称顶级、着重于精，外面公园可以说是缩小版的西湖美景，小桥流水、亭台楼阁、葱郁草地可谓一样不少，倒是有种"毕竟西湖六月中，风光不与四时同。接天莲叶无穷碧，映日荷花别样红"的感觉。特别是当时正值夏天，满园荷花也让人目不暇接，而晚点去还能欣赏到湖中心楼阁中的戏剧表演。

除此之外，开发商还为业主描绘了正在建设的"高档会所"，会所分为三层，一层作为会议中心，二层休闲健身，三层礼堂可以召开各种晚会，再加上样板房中豪华的装修设计，看着院外的小区，真的有种"随意春芳歇，王孙自可留"的感觉。于是，业主怀着对未来的憧憬，想着入住之后的欣喜，想都没想便当即签了一打购房合同。原本还有业主对着一大沓合同犯愁，寻思怎么有这么多文件要签，但是一想，千万起价的别墅区，自然要对房子的内容多约定一些，看房子正以肉眼可见的速度销售出去，也没有多想，也随着签了约。

哪知，这一签，只是一切的开端……

【美没了】

就在签约的几个月后，不少业主陆续接到小区物业的电话，告知业主可以进行收房，一听到这个消息，不少业主第二天顾不得天气好坏顾不得工作繁忙，便直接开着车去小区验房，今天来的白女士便是其中一位，都迫切想要看看房子现在的状况。然而，就在车快到小区外院的时候，却愈发觉得不对劲，心想，平时来的时候热闹得很，音乐喷泉全天开放，怎么这一次来听到的都是机械声？心想难道还在施工？抱着将信将疑的心态白女士继续开车向小区驶去。

果不其然，就在车到达外院的时候发现，别说音乐喷泉了，就连公园也早已不见了踪影。取而代之的是破烂的土道和繁杂的吊车，正在把原本的公园拆除。不知道的还以为是进到了垃圾回收站，可以说是一片狼藉。对比此前的湖中公园，小桥流水，心中落差就像吃了一记闷棍。不断地往里走，白女士心想，只要会所和房子符合宣传，公园没了就没了吧。哪知，一进去才看到，原本开发商承诺的三层会所居然只剩下一层！这可让白女士顿时心生怒气，当即拨通了物业的电话，让他们来好好解释解释。

没过几分钟，负责白女士房屋的专属管家就过来了，嘴上一边道歉，一边说这是公司的决定，公司正在解决，还一直告诉白女士马上向公司核实，安抚白女士的情绪。可是一两句说辞哪能解决问题，这事一时间也没个说法，白女士心想着：罢了罢了先看房吧。

【首次验房，备受打击】

压着一肚子怒火，白女士和管家说先去看看自己的房子，哪知这一看差点没让白女士跳起来。

因为白女士买的是上层叠拼别墅（简称"上叠"），刚一进屋就发现光线太暗，心想：自己房子是上叠，是最高的楼层，怎么会这么暗呢，便快步走上顶楼，这不看还好，一看真是吓一跳，离着房子十多米竟然是个高压塔，直接从房屋顶上过去，怪不得这么暗，原来光线都被遮住了！

白女士也顺着看了看一直心仪的阳台，对于阳台部分，开发商当时在卖房的时候表示虽然顶层的叠拼不赠送院子，但是赠送顶层的室外阳台，白女士也正是冲着这个阳台才买的上叠。哪知一到阳台发现，竟然无缘无故多了一个电梯冲井，原本有三十平方米的阳台，一下子就只剩下一个不足 30 厘米的过道，连过人都过不去，这哪里还是什么阳台。看到这里，白女士再也没有继续看下去的心情，真怕再看到什么，为自己感到不值。

说到激动时，白女士直接从座位上站起来，恨恨地骂了一通开发商，徐先生连忙拦住了白女士。根据徐先生的描述，目前有二十几位业主的房子都存在着各种各样的问题，连同他自家渗水的情况，都与开发商协商过多次，但对于此类情况是否可以退房并没有明确约定，所以一直都没有有效解决，于是想着先来见见律师看看是否有什么好的办法，这才先代表业主过来谈谈。

听着白女士和徐先生的表述，笔者初步判断小区的房屋质量、小区规划、户型设计都可能存在问题，笔者也向徐先生和白女士表示，律师可以先对小区的整体情况进行全面调查取证，通过调查情况再制定相对应的方案，与律师谈判工作相配合，以此实现业主的诉求。听过笔者的方案，这让白女士在与开发商沟通无果的情况下，看到了一丝曙光，建议笔者与全体参与的业主一起见一面。

【第一次全体会议——信心满满，问题多多】

在与白女士见面的下一周，我们举行了第一次全体会议，见面地点是在其中一位业主的家里，也是一栋别墅，一层为客厅，设计古朴典雅，为了方便此次见面，这位业主还特地装上了投影设备，这也让笔者感受到业主们维权的决心和热情。

第一次见面是二十多户业主一起参加的，由于是第一次见面，笔者和助理也携带设备和材料早早到了现场，进行调试。待调试好后，业主们也陆续来到了会场。最初统计有参与意愿的业主高达 100 多人，为此白女士也专门询问了笔者第一次多少人合适，笔者考虑到集团诉讼及社会效应等综合性因素，最终建议白女士将人数控制在 20 人左右。笔者建议白女士通过建群沟通进行层层筛选，最终将参会人员确定在 25 人。

同时，为了防止开发商的渗透和方案的泄露，会场的每一户业主都由白女士私下通知，参会的人都不可以拍照和录像，来的人也需要带着本人身份证件和购房合同，以便确认身份。

会议开始前，就不断有业主向律师提问，现场一度十分嘈杂，不断有业主向笔者抱怨房子如何如何之差，这也是笔者开头所述的一部分业主的说法，如此也让笔者更加明白业主们急迫的心情，白女士和徐先生号召大家坐下后，会议第一次正式召开。

会议中，笔者拟定了案件的初步方案并初步统计了小区存在的问题，以及为即将展开的调查工作、调查结果的分析及处理方案进行准备工作，同时综合了以往的维权案例详细为在场业主讲述了维权方案及风险防范措施。会议后，不断有业主向笔者询问诸如个人房屋问题的解决方案，笔者也为业主进行了详细解答，业主们均颇为认同。

其实，此次参会的业主中，有五位都已经咨询过其他的律所，并给出了报价，但是都没有获得全体业主的一致同意。还有两位业主是从事房屋结构设计和房地产建设的专业人士，均对笔者专业的方案深表赞同。即便笔者的报价略高，他们也是十分认同的。

也有部分业主想要在会议中进行拍照，不过被白女士及时制止。后来笔者才得知拍照的其中一位是提供开会场地的业主带来的私人律师，这让笔者哭笑不得，虽然同行之间的竞争始终存在，但是业务的专业性并非所有人都具备，笔者想即便笔者将方案给这位律师，那么最开始的调查工作他也将面临巨大的困难，耽误的必然是业主的时间成本和切身利益。

【第二次会议正式签约，集团诉讼维权规则彰显专业水平】

第一次开会后，参会的业主又进行了多次内部会议，23 名业主一致同意委托笔者的团队进行代理，只有 2 位业主态度暧昧，摇摆不定，并没有作出明确表示，表达了歉意之后，白女士和徐先生将最终的委托人数确定为23人。

随后，笔者召集这23名业主进行了第二次会议，主要是为大家设计和讲解重大事件的争议解决机制。这也是在场业主最为关注的核心问题，主要涉及保密协议、表决机制、财务管理三个方面。据业主们讲，之前咨询过的律师团队从未对于集团诉讼研究如此深刻，只有笔者的团队才真正想到业主心里所想。因为23名业主组织不易，每个人的想法也是十分复杂，是否会出现背叛团队脱离维权的人尚不得知，毕竟从维权开始的那一刻起，开发商就会将所有人列为重点对象，各个击破分化瓦解，由此导致维权失败的案例比比皆是。

保密协议主要是针对不断有开发商分化业主的情况提出的，对于维权进展和方案，要求在场的所有业主进行保密，如有业主违反协议，其他守约的业主将可以对违约的业主进行追偿。由于此次维权人数较多且房屋价值过高，经过业主们的表决，违约的金额最终设定为每人50万的标准。说到底，这也是为了坚定大家的信心，毕竟，集体诉讼中最忌讳互相不信任和半途而废，这也是笔者多年来总结的经验。

表决机制主要是对于某一事项涉及业主个人或者全体业主利益，而业主之间又无法达成一致意见时，最终将由全体业主进行表决。如就某一事项，若2/3以上人数未通过，则不予通过。具体的表决事项也进行了分层次设计，如：个人是否允许退出、维权具体策略、谈判具体方案、补偿具体标准的确定等。至于一般事项则应由过半数业主进行表决通过，如：会议召开、业主代表的选出、预算金额、费用支出等，类似于物业管理条例涉及的业主委员会的表决机制，笔者的设计完全涵盖了集团诉讼中可能涉及的各类问题，为确保方案的进行提供了有力保证。

财务管理主要涉及律师在集团诉讼中除代理费外的必要支出，如交通、邮寄单、餐饮等费用，可以采取预先支付、实报实销的方式。同时，为方便业主知悉费用使用情况，则需要定期向业主公示，周期一般维持在一周一公布或两周一公布，具体由业主来决定。

解释完后，23 名业主纷纷称赞律师的专业性并陆续签约，会议中也选出白女士、徐先生以及另一位张女士作为业主代表，负责与律师进行定期沟通。至此，代理合同签署完成，委托工作也正式启动。

【调查工作，连夜启动】

笔者团队的宗旨一直是签订委托代理协议后的 24 小时内启动工作，签订协议后，笔者连夜启动调查工作，根据业主反馈的信息，小区很可能存在违反规划和质量验收的情形。对于每一个小区而言，用地规划都是小区建设的前期必备手续，如果存在规划等严重问题，违反城乡规划法的同时，地上的建筑物也会被认定为违法建筑。而对于普遍存在的房屋漏水问题，则很可能触及住宅结构不规范、房屋质量不满足交付条件、竣工验收不合格等问题。

至此，笔者团队的调查方向也主要在规划和建设手续中，同时为了了解小区的环保验收、消防及人防等验收是否存在问题，笔者对上述问题也一并进行了调查。然而，每位业主房屋的调查工作均涉及 14 个部门，调查文件高达 70 余项，需要准备 1600 多份调查申请文件。而且时间较为紧迫，之前已经有不少业主与开发商进行了会面，但都没有取得很好的效果，说明业主手中还是未能掌握有效针对开发商违法违规行为的证据，这也是调查工作需要尽快完成的原因。

为此，笔者的团队连续加班 4 天，终于将材料全部整理、审核并邮寄，待邮寄出去后笔者的团队也着实舒了一口气，剩下的就是等待调查结果。然而，就在等待的时间内，出现了一件让所有人都颇为惊讶的事情。

【第三次会议——代表退出，真相扑朔迷离】

在做完调查工作的初步申请后，白女士作为业主代表主动与笔者联系想通过媒体曝光开发商的违法行为，以此施加压力。恰好笔者有一位记者朋友，就将他介绍给了白女士。白女士与笔者的记者朋友一同与开发商进行了面对面的会谈。

此次会面的一周，笔者再也没有接到白女士在此次见面后的任何消息，笔者也没有太在意。毕竟对于知名的开发商来说，媒体公关已经是手到擒来，最终还是要看违法点的核心问题。

然而，再一次接到白女士电话的时候，白女士却告诉笔者，她已经和开发商签约，决定退出了！但是并没有向笔者透露协议内容，这让笔者着实没有想到，虽然集团诉讼中存在部分业主提前退出的情况，但是让笔者万万没有想到的是在调查工作刚刚开始的时候就已经出现了这种情况。而业主代表的退出，特别是一部分业主都是基于业主代表的号召力才得以参加的，这种突发的情况必然影响重大。对此，白女士也说明自己的原因，由于生意亏损现在急需用钱，退出实属万不得已，笔者告诉白女士，按照议事规则的规定是否可以退出，需要经过全体业主同意，没有征得全体业主的同意，可能要承担违约责任。而说到违约责任时，白女士一改起初的道歉语气，明显语调大了起来。

"您怎么能这么对我？这不是坑我吗？业主是我组织的，怎么能这么对我！方案我没有和任何人说！"

一连串的发问，虽然在笔者的意料之中，但是作为代理所有业主的律师，笔者告诉白女士，如果规则不能遵守，那么设计的意义将不复存在。

"行，你狠，咱们走着瞧！"白女士落下一句话，便愤愤地挂了电话。

【信任危机？再次签约！】

笔者为了处理这件事，专门在晚上紧急召开了业主会议，向大家告知这件事，笔者至今还清楚地记得，告知其他业主白女士退出时的景象。会议上可谓是一片骂声，有人认为白女士踩着集体的力量去谈判，损害了大家的利益；有人觉得白女士本身就是开发商的卧底，一定向开发商泄露了方案；更有甚者对律师出现了严重的信任危机，认为律师没有阻拦白女士签约，没有尽到律师的义务，一时间场面十分嘈杂。

"老白就是玩我们，让我们一起搞事，结果她跑了！借着我们得来的结果！"

"踩着别人玩，我们去找他家去！"

"律师我们能不能告他？"

"有你们这么做律师的吗？这都不拦着，让我怎么信任你们？解除委托吧。"

"人家老白家里有变故能理解，大家别这么激动。"

就在笔者想和大家详细说明的时候，一个身影冲进会议室，让原本还在嘈杂中的会议室瞬间安静。

"是我对不住大家，也对不起律师，之前和大家和律师都说了很多不好听的话，真的对不起，但是由于我的个人原因确实顶不住了，对不起对不起……"白女士一边说一边低头向大家道歉。白女士的态度让笔者颇感意外，笔者本以为白女士急匆匆地冲进来是为了与我们理论，这样一说一时间也让人不免心生一丝同情。

"各位，老白走的时候让我也一起走，当时我没考虑好，现在我也想走了，我得和大家说一下。"说这句话的是另一名业主代表张女士，起身后，也向大家道了个歉。

此话一出，会议中的气氛顿时僵到了极点，拥挤的会议室内显得更加闷热。

笔者心里也不禁感叹，从开始的众志成城到现在调查结果还未出来就出现这样的事情，也难免让人心里无法接受。其实，笔者也才知道张女士的想法，这下等于是两个人在向大家道歉，而且还是两位业主代表，其他业主的心态可想而知。

感叹归感叹，愤慨归愤慨，会议还是要继续。对于白女士的事情，笔者也为大家详细讲述了原因和结果，其中不乏业主仍在质疑律师是否在维护白女士。

对此，笔者告知各位业主：第一，对于白女士提前退出的问题，业主们可以依据保密协议内容进行起诉。第二，目前调查申请刚刚发出，调查结果还没有出现，前期退出对后续方案不产生实质影响，换言之，早期退出对剩余的业主而言可能更有利于保密和维权工作，更有利于达到业主的诉求。第三，是否同意张女士退出，全体业主一定要明确表态，如果退出，剩余的业主将会与律师签订补充协议，以后进入到实质维权阶段没有所有业主的同意将不可退出。

听完笔者的建议后，大家对于白女士的退出无可奈何，也同意张女士退出。但是也向律师提出一定要签署一个补充协议，内容主要涉及律师不可以为退出的业主提供任何法律咨询和帮助，遇到业主与开发商私下和解的应及时向大家告知。此外，还将业主之间的违约金提高到了100万元，以此坚定一同维权的决心。

【调查小区问题多，连夜整理劳心神】

陆续收到调查文件的回复后，笔者连夜初步起草了信息公开调查报告书，对于文件中的违法点进行了详细剖析，而规划部分及竣工验收部分笔者根据文件还不能完全确认。为此，笔者携带着调查回复的材料与其中两位业主约好去现场取证。当笔者到达现场时，正看到几台挖掘机和卡车在清理湖旁的亭台，好一片黄土飞扬，据业主介绍，这里本是最初看到的湖中亭，是个设计极美的公园，都是看了公园才来的，哪知现在全被拆除，会所也是不如当初。顺着道路往里走，笔者发现地下有一片阴影，抬起头来一看，原来整个小区的南边赫然矗立着一个高压塔，虽然小区属于别墅区，但是加起来的高度距离高压塔也很近，危险性可想而知。

两位业主将笔者带到小区里面后，笔者用携带的户型图对不同户型进行了核对，业主房子的问题，主要集中在房屋漏水、墙体裂缝、电梯冲井违反规划、房屋室内设计不规范等一系列问题。此外，小区的住宅总给笔者一种密密麻麻、空间狭小的感觉。

笔者考虑单纯从房屋质量的方面入手进行民事诉讼，很难达到业主们退房或者赔偿的诉求。为此，临近傍晚时分，在送走两位业主后，笔者便带着小区的规划图纸在小区内整体进行核对，正印证了最开始感觉，相邻别墅之间的距离与规划相差近5米，道路明显变窄，这将直接影响小区的容积率。

小区主路用地、绿化、北面墙体也存在规划问题，而在小区的规划核验意见上赫然写着小区已经通过验收。此外，通过竣工验收报告发现，小区内没有发现任何无障碍设施，但是竣工验收报告上却写明通过无障碍设施验收！

那么，开发商是如何能通过验收的？各种原因让笔者觉得小区的问题一定不像表面这么简单！

【第四次会议——千呼万唤始出来，调查结果宽人心】

笔者回到单位再一次整理了调查报告的内容，并召集业主召开第四次会议，主要内容是向各位业主报告调查情况，结合法律规定及现场的违法点进行系统总结，并制定后续的维权方案。

对于调查文件的内容，笔者为业主进行了详细的解读，告知业主在目前状态下文件的合法性以及存在的矛盾点，对于小区存在的问题笔者也进行了详解总结：

（1）开发商虚假宣传、欺诈销售，根据业主提供的宣传图片以及现场取证情况可以看出，开发商在对外销售宣传方面存在重大迷惑性，诱导业主进行签约，而后又再次进行处理，给业主造成了极大的心理落差。

（2）房屋质量问题严重，小区房屋存在多处墙体及地面开裂状况，并且上至高层下至负二层均存在不同程度的渗水现象，可见防水是存在问题的，甚至房屋结构都可能存在问题，只不过房屋结构是否存在问题还需要专业机构进一步的鉴定才能得出明确的结论。

（3）小区多处存在违反规划的行为，如：①开发商将小区规划的绿地占用，变成庭院和道路，并将庭院作为房屋销售的赠送部分进行推销，而业主对这类情况并不知晓；②小区楼体间距不符合规划图纸要求，根据建设工程规划许可的附图显示，小区楼体之间东西向的道路应为 15 米，南北向宽度应为 12 米，而根据笔者现场查实测量的情况看来，距离最多到 8 米，开发商将道路变窄，增加了庭院和住宅面积，以此收取更多的费用；③规划附图中显示，小区在 1 号楼与 3 号楼之间存有几百平方米的活动场地，而笔者走遍小区直至晚上九点多也没有发现小区的活动场所，这明显属于违反规划的行为。

（4）设备用房用于违规出售：按照预售方案的要求，设备用房属于物业共有管理的部分，要么是业主共有，要么是小区的配套，不能单独出售；然而，开发商违规销售设备用房：根据小区的规划图显示，小区地下一层均为设备用房，而在实际销售过程中，开发商将设备用房改造为地下室，并将设备用房以或赠送或计算价款的方式出售。结合《商品房预售许可证》发现，每栋别墅的地下部分均不在可销售的范围内。

（5）小区绿化率严重不符合规划条件：小区最初建设花园的地方属于代征绿地，而小区内部的绿化面积已经被修建为道路，直接造成小区的绿化面积不足。

（6）小区规划及竣工验收报告均显示存在无障碍设施，实际小区并不存在，说明小区在建设过程中存在违反规划和弄虚作假的行为。

听了笔者的调查结果和建议，参会的业主们情绪异常激动，在经历了一次次代表退出，本就已经有些失望的业主们，再次燃起了对维权的决心。会议结束后，不断有业主上前和律师表示感谢，表示还好没有放弃，不然就真的什么都没有了。会议一扫之前的阴霾，业主们的眼睛里都充满着期盼和希望，这也让笔者的决心更加坚定！

【落实维权方案，开发商首次邀请】

针对开发商存在的违法行为，笔者根据《建筑法》《建设工程质量管理条例》《北京市城乡规划条例》《城乡规划法》《北京市建设工程规划监督若干规定》《侵害消费者权益行为处罚办法》《广告法》《行政诉讼法》《行政许可法》等相关法律规定，向职权部门提出查处申请，笔者考虑到由于查处申请还需要60天的查处期限，故而将诉讼同步进行，以便给开发商更大的压力。

其中，对于开发商欺诈销售、违反规划、绿化率不足等问题可根据具体行为向工商、规划、住建、园林、应急管理等部门提出违法查处申请，要求相关部门进行调查核实。同时，鉴于小区的规划面积及许可文件中存在多处错误，可直接向人民法院对规划部门提起诉讼，要求其对作出的行政许可行为予以撤销。

会议结束后，笔者也开始着手准备查处文书和诉讼材料。而就在第二天早晨刚刚到单位时，笔者收到了来自开发商的邀请函，明确邀请了笔者与其他两位合伙人一同参加会议。这让笔者略感意外，毕竟这才是方案制定后的第二天，除了时间的赶巧，也让笔者感觉到开发商对于笔者的律所和团队进行过详细调查，甚至对我们擅长的方向都进行过深入研究，毕竟这种善于调查的开发商并不少见。

【首次谈判状况频发】

首次见面是在开发商的办公大楼，接待我们的是张经理。据张经理介绍，整栋大楼都是他们买下来的，装修也十分华丽。

这次来的除了我们团队的 3 位律师，也有 5 位业主一同前往。落座后，对面来的是开发商客户关系的领导和开发商的一位项目领导。

简单的寒暄与介绍后，双方陷入了近 10 秒的沉默，都希望打破僵局探出对方的底线。笔者并不着急，毕竟手握开发商如此多的违法点。到底还是开发商率先打开了对话的窗口，说明公司对于此事的态度，也会积极为业主解决问题，更对律师团队表示极大的尊重等。然而，说得再多开发商就是对如何进行补偿避而不谈。

就在开发商滔滔不绝讲到公司文化的时候，笔者打断了他们的对话，根据调查报告的内容，笔者将小区的违法点一一道出，说到公园和露台冲井时，开发商却异常兴奋，直接说道，"这个我们已经和业主告知了，每户给予一定的补偿"，笔者告诉开发商，公园和冲井对业主的补偿并不能代表其行为和合法性，要知道，对于过千万的别墅区而言，由于之前的违法行为为开发商创造的利益远远高于补偿。听到这里，开发商并没有说话。

而当笔者说道小区绿地的时候，开发商直接将一纸协议拍在桌上，一改和善的态度，直接对笔者说道，这些都是经过业主同意的，我们是有权进行改造的。当场几位业主就大喊起来，"我们什么时候签过协议？我们自己都没有，怎么你就有了？"

音调越来越高，开发商也是毫不示弱，表达的意思很明确，我们已经给了补偿，绿地也是经过你们同意才改造，就算违规了，难道要让几百户把庭院全都拆了？

笔者一听，开发商的语气中明显带着威胁的意味，心里明白今天的谈判是不会有任何结果的。安慰了一下业主，笔者告诉开发商，能否给我们一份改造协议，开发商连连拒绝，甚至连拍照都不让。其实，笔者心里明白，即便协议真实存在，真起争议法院对于效力也未必予以认可，然而这并不是本次谈判的重点，总体而言开发商的态度强硬且并不打算真心为业主解决问题。

【多个部门齐登场，压力之下尽慌张】

第一次谈判虽然看起来情况并不乐观，但也是十分有收获的，通过开发商的态度转变可以看出，相关部门对于小区规划的问题尤为重视，甚至到了让他们紧张和害怕的程度，对此笔者心里也更加确定维权方向的正确性。回到律所后，笔者快速将查处申请邮寄至相关部门，笔者知道，撼动一个开发商在一个地区的影响力并不容易。故此，笔者在查处中特别言明要在法定期限内予以回复，果不其然，由于问题严重，不到一个月业主们都接到了各个部门的回复，其中住建部门更是要在本月进行检查。

然而，就在住建部门确定好检查时间的同时，每户业主都接到了开发商的电话，要求私下进行和解。经历了最初的事件，这次业主无比齐心，要求律师同住建部门一同现场检查，无奈之下开发商只得作罢。

当天阳光明媚，就当笔者和住建部门以及业主进入到小区时，里面正巧遇到几个人员拿着测量仪器出来，细细一问才知道，前来测量的是规划部门的人员，这下随同的开发商人员也是慌了神。

检查过程中，起初住建委的人员只是简单询问，似乎并不在意业主的问题，还对笔者的身份深表怀疑，拿出授权后，住建委的人员也只得作罢。

通过谈话笔者发现，住建部门的人员总体认为所谓的开裂都只是装修问题，故意为开发商开脱。渗水和漏水问题，都以是新建建筑的正常现象为由推脱，开发商也连连点头承诺这些都是做过防水试验的，就算现在做也不成问题！

笔者一听开发商似乎有备而来，但是就算是新做的防水也不可能全部做好，于是笔者私下告诉一位漏水比较严重的业主，要求做防水试验。开发商才说了不成问题，这下也不好下台，便同意了。不做则已，一做惊人，水才浇上去就顺着裂缝直接流了下来，还差点滴到了住建委领导的头上。

一时间全场寂静。再也没有了先前的乐观，住建部门的领导愤然离去，临走前直接要求开发商立即整改，后期可能会对其严厉处罚，开发商看着离去的检查人员，想着继续并没有意义，也只得灰头土脸地离开。

【诉讼顺势而起，开发商再次邀请】

经历过第一次检查，笔者也陆续接到了工商、规划、园林绿化以及城管部门的电话，都表示已经对开发商进行了约谈，笔者心想，经历了一次又一次的折腾，是时候进行诉讼了……

伴随着查处期限的到期，笔者与业主商议后，选出三位业主分别进行诉讼，由于违法点较多，作为谈判手段，分开诉讼对于业主来说也是最有利的。就在立案后的第二天，笔者再次接到了开发商的电话，要求再一次进行谈判，而且这次要求群体业主参加，对方的高层领导也会一同参加，以便一次性解决问题。

其实，在起诉前，开发商曾数次找到笔者，想要让笔者放弃代理，但都被笔者拒绝了。于是，开发商也换了思路，表示可以满足一部分人的要求但其他人不能保证，想利用此手段分化瓦解掉维权的业主，只不过数次接触笔者和业主后发现没有可能性。短短两个月的时间，开发商联系笔者高达几十余次，从最开始的不妥协到收买贿赂再到分化瓦解，无所不用。最后，对于收房的业主给出了总房款3%的补偿，对于其他业主退房的要求却没有同意。对于收房的业主来说，也是可以接受的。但是业主都明确表示拒绝，这才有了全体业主参加本次谈判的戏码。

只是，正当笔者征求所有人意见的时候，却发生了另一件事情。

【波澜再起，一锤定音】

就在谈判的前一天，五位业主直接找到笔者，要求获取更高的赔偿。理由是他们的房子是独栋别墅，购房款更高，质量问题更严重，损失更大，如果一视同仁必然会对自己的利益造成损害，而且房屋质量问题不大、付出不多的业主不应该和他们绑定在一起，一时间笔者也有些为难。与这几位业主聊过以后，笔者告诉这几位业主，对于特殊的情况第一需要全体业主表决同意，第二则需要在谈判中试探开发商的态度。当然，业主同意是前提，为此笔者也向业主们说明了情况，五位业主也向大家说明了特殊情况。让笔者意外的是，这次几乎没有人反对，只是对于标准提出了更高的要求，笔者表示这次谈判也会尽全力为大家争取。

与开发商的谈判如期而至，当天除了之前的参会人员与法务团队之外，开发商这边同时也来了一位集团的董事长负责全权处理这件事，看来诉讼和查处对对方的压力很大。据笔者了解得知，对方除了诉讼以外，已经被通知将面临行政处罚，这对于在乎名声的开发商而言无疑是雪上加霜，看着开发商如此的阵仗，似乎有意一次性解决。

笔者没有想到的是这次谈判竟持续两天之久，第一天的时候，谈判取得了初步进展，开发商同意特殊的五位业主另行解决，对于收房的标准由3%提高了一些，但还是不给退房的名额，这让几户希望退房的业主心急如焚，最终第一天没能达成一致。但是开发商也明显不希望这种状态一直持续下去，便约了笔者和业主明天再来商议。

到了第二天，正当笔者进入到开发商谈判所用的会议室时，闻到了很浓重的烟味。对方表示了歉意，和我们说，昨天晚上谈判结束后，公司连夜召开了会议，最终决定将对特殊五户补偿的比例增加到业主满意的程度，其他收房的业主的补偿也予以增加到业主满意的程度，除此之外，另行在小区内公告补偿的方案依然有效。

说到这里，虽然退房的业主相比所有维权业主只有 5 户，但目的不能实现的话也着实让笔者为难。就在几位业主商量的时候，一通电话让局势再次扭转。

"嗯，对是我，还来？不是才来了吗？"

"上次是查处，这次……诉讼，住建委……还有绿化的……"

由于对方领导的电话声音比较大，笔者也是听了个大概，当下心里有了猜想，住建部门和其他部门一定是为了应对诉讼，再次要去现场。看到对方面露难色，笔者顺势提出退房的业主并不同意目前的方案，除非开发商给出满意的答复，否则这次谈判就会再次延迟。

听到这里，对方连忙告诉笔者，等他们商量一下，这一去就是一个小时。期间笔者也和业主们进行了沟通，对于目前的补偿大家都十分满意，也超出了最初的预期，不少业主在对方提出 3% 补偿的时候，就已经想要结束维权了，好在现在争取到更高的补偿。笔者也对退房的业主说了开发商不能退甚至不可能全退的可能性，业主们也表示理解。

沟通得差不多以后，对方的董事长正巧进来，最终的方案是满足剩余所有业主的要求，并且可以为要求退房的业主办理退房手续，但是办理需要等到半年以后。业主表示能够接受。

为了尽快将方案确定，直至深夜笔者仍在为各位业主修改补充协议，业主也陆续在律师和开发商双方的见证下进行了签约，至此，本次维权基本结束。

【律师分析】

本案是笔者代理的所有集团诉讼中较为典型的案件，可以说基本涵盖了集团诉讼中所有的问题点。其实本案中有很多小的插曲，比如开发商私下联系部分业主，业主质疑律师方案，甚至业主主动联系开发商告知方案以及谈判过程中有极少的业主希望按照独栋业主的高标准绑定赔偿的情况比比皆是，不止一次的会议，不止一次的谈判，每一次都会新生出各类情况，说到底在集体诉讼中制度的设定及方案的推进才是重中之重。

对于集团诉讼管理，笔者列举出如下方面以供参考：

1. 及时了解维权业主房屋状况

要对业主房屋信息进行详细统计，包括房号、业主、面积、套内使用面积、单价、总价及开工、竣工时间等，尽可能将房屋状况进行归纳，便于了解和使用。

2. 统计个人诉求

详细统计业主所提及的问题，既可以了解业主个人房屋目前状态也可以有针对性地进行调查取证和方案设计。集团诉讼中个人的诉求统计是极为重要的，需要根据退房或收房补偿进行划分以便及时调整。

3. 业主的性格判断

律师虽然不是心理学家，但是对于接触到的业主基本情况及性格要有一定的初步判断，对于不同性格的业主沟通方式也有所不同。有些业主性格比较平和，更信任律师，沟通也相对顺畅。而有些业主性格却相对强势，比较崇尚个人主义，即便参与维权也对律师并不信任，这就导致在方案和进度推进的时候会出现团队裂隙，进而容易在其他业主和律师都不知情的情况下与开发商私下和解，在笔者代理的案件中，个人私下解决通常会使维权后期面临着各种法律风险致使其拿不到应有的补偿，也不利于团队和谐，那绝对是得不偿失的。

4. 律师的风险提示

律师对客户进行风险提示对于集团诉讼是极为重要的，因为在维权过程中，调查及诉讼工作都是作为工具进行分配和使用的，而非以诉讼结果为最终目的，这也是行政诉讼不同于民事诉讼的主要原因。只有做好风险提示工作，根据房屋价值及个人情况初步对客户的诉求予以指导和把控，才能避免出现诉求与实际偏离过大的情况，否则既不利于纠纷的解决也不利于方案的制定。

5. 集团诉讼规则的制定

（1）保密协议。保密协议是对于全体维权业主的一种约束，说到底，也是为了坚定大家的信心，维护团队的凝聚力。毕竟，集体诉讼中最忌讳互相不信任和半途而废，这也是笔者多年来总结的经验。而违约金的设定，也是希望作为集团诉讼中的一种惩罚措施。实践中，违反保密协议而赔付违约金的情况，会根据不同案情得到不同程度的支持，故此，违约金的制定也更加必要。

（2）表决机制。在代理过的集团诉讼案件中，笔者通常会为所有业主在议事规则中设定表决条款，其目的就是在全体业主遇到重大事件时起到调和作用，特别是在某一事项部分业主同意而部分业主反对的情况下，就要采用表决机制予以解决。在笔者代理的案件中，就有过维权初始没有设定表决机制，在出现不同意见的时候，团队分歧严重最终导致维权还未开始便失败了的情形。

（3）财务管理。财务管理制度的设定，不仅仅解决大多数业主担心的预算费用使用问题，也同样是保障业主代表利益的重要措施。之所以保证了业主代表的利益主要是考虑到业主代表作为后续诉讼的主要参与人员，是为全体业主利益服务的，具有持续性，后期诉讼费用、交通费用等，都需要及时缴纳。为避免打消业主代表的积极性，财务管理制度就可以及时解决业主代表的报销问题，以此来保证和鼓励业主代表的实际利益。对此，笔者通常采取预先支付、实报实销、定期公示的原则进行处理。

6. 维权策略的选择、策略调整及风险提示

（1）策略选择：针对本案而言，开发商无论在规划、房屋质量、绿化等方面均存在多处违法行为，前面已经为大家讲解，这里就不再赘述。只不过这里对于改造协议的部分，一定有很多业主感到后怕，毕竟如果是业主本人谈判，没有专业的法律知识一时间对自己签过的改造协议肯定会无话可说。买过预售房的朋友一定知道，签约的时候，开发商都会拿出厚厚一沓文件要求业主签字，对于合同更是要求业主每页都签上名字，目的就是在合同条款的规定上站住脚，取得有利的法律地位，即便今后业主反悔说没有看到哪些条款，开发商也会说每页都签字自然是一种确认行为。更有甚者，在厚厚

的文件中，夹杂一两页的"其他合同"，约定的完全是不同的事项，利用业主签约时不会刻意看的弱点，欺骗业主签订他项事由的协议，从而隐瞒了自身的违法行为。而本案中虽也存在这种情况，但因为律师对于合同的专业把控，才使得开发商在谈判中处于劣势，不然一封改造协议就将开发商最大的违法点掩盖，再难以取得更好的补偿。因此在签署协议之前一定要请律师进行详细审阅，不能图省事导致自身处于不利的法律地位。

此外，诉讼方面不以民事诉讼作为主要手段，也是在笔者的考虑范围之内，主要理由在于民事诉讼成本过高，根据房屋价值或者案由收费标准也并不一致。而行政诉讼费则为50元，这样既可以节约诉讼成本又可以在诉讼中给开发商施加压力。此外，民事诉讼的风险过高，如果民事诉讼败诉将直接导致开发商以判决所确定的标准进行补偿，往往民事判决的标准远低于谈判所得的补偿标准，这样就导致了维权失败，业主诉求无法实现。

（2）策略调整：诉讼进度要适时调整，针对本案而言，开发商起初态度较为强硬，因此笔者采取了先查处后诉讼的方案，因为根据法律规定，查处期限一般为60天，如相关职权机关不能履行法定职责，只有在60天以后才可以提起诉讼。因此早一些提出查处申请，一方面可以节约后续的诉讼时间，另一方面也会持续给开发商不间断的压力，让对方应接不暇，在对方疲于应对的时候，根据对方的态度直接提起行政诉讼，达到双管齐下的效果，这也是本案作为典型案例的原因之一。

（3）风险提示：对于集团诉讼，后期出现业主与律师或业主之间的矛盾的情况非常多，所以为避免沟通出现问题，维权方案的利弊维权事项的决议后果要及时告知业主，做到风险提示，避免互相怀疑，甚至不团结的情况出现。

7. 会议的管理

本案中，大大小小的会议其实不下20次，笔者在这里只是举出一个比较典型的会议。作为律师而言，集团诉讼中一定要将定期会议写入议事规则，期限可以限定为一个月一次，针对案件进行汇总报告。如遇到特殊情况，则运用表决机制进行决议，将法律服务的风险、进展及时进行提示，业主有更多参与，才会对律师和集体有更多的信任。

此外，会议的准备工作也要提前做好，诸如会场的选定和通知、会议的签到、工作计时、会议记录以及会议记录的签字确认等细节安排都是十分必要的。

总而言之，典型的集团诉讼案件都存在着各类复杂问题，最终都要更加规范的设计才可以解决，买房不易，细节决定成败。

法条链接：

左右为难的买房
——捆绑销售的那些事儿

买房"送"车位，业主签订购房合同时却发现房价的一部分被列入购买车位的款项中，名为"送"车位，实际上车位也由业主掏了腰包。被捆绑销售后本想息事宁人，却发现高价买的车位竟是机械车位……

【买房"送"车位，房价一分为二】

2013年，某市进行大规模的棚户区改造，钱包充裕的市民人数激增。某名牌房产企业在该市江边建设了号称本市品质最高的楼盘，"江景房、学区房、品质好房"，很多市民对这个楼盘很是看好和向往。开盘数月前，就有市民通过找关系或者找开发商指定的电商购买购房名额。开盘当日，人潮涌动，犹如抢购大白菜一般，售楼处被堵得水泄不通。开发商通过微信摇号的方式选择购房者。被微信摇号摇中的市民依次进入选房室进行选房，先摇中的先选，后摇中的只能选剩下的房号。剩下的房屋地理位置、房屋结构是否是自己期望购买的，此时已经不重要了，对于百里挑一的概率来说，能买到房已经很幸运了。

选房之后就是签合同环节了。开发商要求业主先交定金，签署《车位协议》，缴纳车位使用费，最后签商品房预售合同以及办理贷款。业主发现合同中的价款只写了实际房款的一部分，另一部分算成了车位使用费。业主们不禁好奇地问销售人员，不是送车位吗怎么还有车位使用费？合同上写的房屋总价款怎么比实际的房款要低很多呢？开发商解释道是为了避税所以才将房款的一部分写成车位使用费。实际上，房款总数没变，车位依旧是送给各位业主的。业主们心想写就写吧，反正房款也并没有多一分，确实也送了一个车位，对自己其实是没有任何影响的。

一转眼到了合同约定的收房时间，业主们看了自己的房子，满是欢喜，小区的配套和绿化也极好。有的业主看了房屋没看车位就回家了，车位有什么好看的，不就是那样吗。但有的业主去了地下停车场，结果傻了眼，原来开发商送的车位居然是机械车位。与此同时，业主们通过沟通发现房款越低的车位费越低，房款越高的车位费越高。且机械车位只能使用没有产权，且维修频率高、费用高，开发商送的"大馅饼"原来是"烫手的山芋"。此时的业主才发觉自己好像被开发商耍了。

业主成群去找开发商理论，但开发商说他们的机械车位设备都是最先进最高端的，不会有维修问题；机械车位和普通车位都是一样的，只要能停车就可以了……对于有业主要退停车位的事宜，开发商说不可能，他们也没有违约，"停车位协议"就是那样签的。一脸懵的业主们回家看了"停车位协议"，合同名称确实是《车位协议》，而并非自己认为的《车位买卖协议》。业主们自发组织在售楼处门口拉横幅，去住建委和房管局信访投诉，去开发商的总部静坐等，但不管怎么维权，政府或者开发商都拒不出面协商。就这样一腔热血地坚持了1个多月，集体维权的人越来越少，且收效甚微，但还是有一批业主觉得辛辛苦苦攒的钱绝不能被开发商割韭菜似地轻易骗去，不管怎样还是要依靠法律放手一搏。

面对耍赖和不负责的开发商，几经周折的业主深知不能以卵击石，维权这事还得找专业的律师。

【术业有专攻，维权找律师】

笔者主攻房地产，且最擅长商品房集团纠纷，执业十余年来代理维权成功的商品房集团诉讼胜诉案例不少，经验积累了很多。慕名而来的业主们找到了笔者，跟笔者说了大概的经过，业主是先交了5万元的定金，再交的首付款，最后是车位使用费。时隔一年多，业主在收房时和其他邻居沟通发现，机械停车位有的40多万元，有的60多万元，有的竟然高达120万元。另外，业主根据开发商的安排还给某电商支付了20万元的服务费。业主们的诉求是房子还要，但要退掉车位、车位费以及20万元的电商费。

笔者耐心地听完业主们的买房经过，给业主们分析如下：

（一）机械车位问题。

车位分为普通车位、人防车位、机械车位。普通车位中如果是开发商开发建设，开发商独立出资独立核算，且有单独的建设工程规划许可的，一般都属于开发商所有，开发商可以出售给业主，有产权证，但如果是占用了小区的公共道路划分的车位即属于全体业主共同所有。人防车位是占用人防工程划分出来的车位。人防车位的产权在司法实践中存在争议，多数法院认为人防车位的产权不属于业主，也不属于开发商，属于国家，其特点是无法出售不能办理产权。关于人防车位的租赁期限，各地人防办有不同的要求。比如北京给开发商颁发的人防车位使用证是每一年办一次，那么开发商只能在取得该年的使用权证后才可以出租给业主，如果开发商在仅取得本年度车位使用权证的情况下，将车位租给业主的期限为10年或者20年，开发商的出租行为即违反了相关法律的规定。机械停车位的权属性质在实践中也存在争议，不一定能办理产权证，比如有的城市认为机械车位是小区的公共配套设备设施，那么产权就属于全体业主。

对于业主来说应该如何核实车位的性质，有两种办法。第一，向规划部门申请公开小区项目的《建设工程规划许可证》的附件附图，在附图或经济技术指标中就明确载明车位的性质。第二，向住建部门申请查看小区的竣工面积实测报告，核实业主公摊的面积是否包含车位的面积，如果包含，则车位属于业主共有；如果没有分摊，则要看车位的原有规划性质。

（二）捆绑销售问题。

捆绑销售并非法律概念，而是一种俗称，只在《反垄断法》第17条第1款第（五）项规定："禁止具有市场支配地位的经营者从事下列滥用市场支配地位的行为：……（五）没有正当理由搭售商品，或者在交易时附加其他不合理的交易条件；"及《消费者权益保护法》第9条规定："消费者享有自主选择商品或者服务的权利。消费者有权自主选择提供商品或者服务的经营者，自主选择商品品种或者服务方式，自主决定购买或者不购买任何一种商品、接受或者不接受任何一项服务。消费者在自主选择商品或者服务时，有权进行比较、鉴别和挑选。"但哪些属于不合理的交易条件，相关法律及司法解释并没有明确，法院也没有对商品房销售中的捆绑销售行为作出明确的判决或者指导意见。在司法实践中，如果是业主自愿签署的协议那么法院就会认定该协议属于有效，开发商也就不构成欺诈或捆绑销售。

但在本案中，开发商在销售涉案项目的过程中给业主送车位的前提是，只有先同开发商签署《车位协议》，方能签署《商品房买卖合同》，否则业主无法正常购买商品房，开发商的销售行为严重违反了《国家发展改革委办公厅住房城乡建设部办公厅关于开展商品房销售价格行为联合检查的通知》第2条第6款，"检查重点内容专项检查重点查处以下行为：……（六）以捆绑或者附加条件等限定方式，强制提供商品或服务并捆绑收费"以及住房城乡建设部《关于进一步规范房地产开发企业经营行为维护房地产市场秩序的通知》建房〔2016〕223号第2条第7款，"依法查处房地产开发企业不正当经营行为……（七）以捆绑搭售或者附加条件等限定方式，迫使购房人接受商品或者服务价格"的规定，开发商的行为非法剥夺了业主合法购买房屋的平等意思自治权利。

对此，律师建议可以向市、区两级的房管部门和住建部门发送违法查处申请书，要求相关部门对开发商的各项违规行为进行查处。

（三）电商费问题

近年来，国家为了限制房价上涨过快，实行了商品房销售价格备案制度，开发商销售时价格不能高于备案价格。那么开发商为了涨房价并规避政府备案价就会另辟蹊径，这时候电商费、团购费、中介费等新兴名词就如雨后春笋般悄然诞生。比如开发商会让业主和电商公司签订一个关于"以钱抵钱"的优惠协议，交5万元电商费可以抵20万元房款等。这样的操作方式一般是开发商在购房合同中只写政府备案的价格，对于多收的购房款会通过让业主给第三方电子商务公司以电商费或者团购费的方式收取。

本案中的开发商是将高于政府备案价房款的一部分放在了《车位协议》中，另一部分放在了电商费中。律师跟业主们沟通后得知业主向电商支付了20万元费用并没有收据，在购房合同中也没有相关说明，如果业主起诉开发商仅仅要求返还电商费的话很难得到法院的支持，想要通过民事诉讼退电商费的话一般要起诉解除购房合同才能处理。律师建议先通过以政府部门为沟通平台的方式促成谈判，在谈判中解决电商费问题更为妥当，因为单纯通过民事诉讼退电商费的难度很大。

【集体维权，规则为王】

集体维权的优点是人多势众，维权成本较单个维权低，但同样也面临一盘散沙，重要时刻举棋难定是致命弱点。面对即将诞生的维权成果时，多个人的态度很大可能不一致，就算只有2个人也会意见相左，而这时有所有人签署的议事规则和表决机制就显得尤为重要。议事规则和表决机制的作用是众多人对一件事情的意见或者表态不一致时，如何来处理需要设定一个规则，就像股东大会需要设定一个表决机制一样，需要通过表决使事情得以顺利推进。

只有先建立规则，才能在后期意见不一致时有效并公平地进行抉择。

【信息公开与违法查处双管齐下】

笔者接受业主委托后的当天，就开始着手准备向各个政府部门申请政府信息公开的材料。笔者一共向15个政府部门申请了共计约90余项政府信息公开，涉及发改委、国土、规划、住建、消防、绿化等部门，包括立项、《土地使用权出让合同》《建设工程规划许可证》《建设用地规划许可证》《建筑工程施工许可证》、消防手续等从开发商拿地到预售所有流程的政府信息。根据2019年5月实施的《政府信息公开实施条例》的规定，属于某政府部门制作或保存的信息该政府部门应当在收到申请之日起 20 个工作日内进行公开，不属于该部门制作或保存的能够确定负责公开该政府信息的行政机关的，应告知申请人该行政机关的名称、联系方式。另外，政府部门可以延期答复一次，一次为 20 个工作日。那么，所有政府信息公开申请能全部回复的时间大概为 2 个月左右。

在等待信息公开回复的这 2 个月期间，笔者也并没有消极等待。上文说到，对于开发商已经存在的捆绑销售车位的违规行为，可以向房管和住建部门发送违法查处申请书。笔者根据业主提供的材料及情况写好违法查处申请书后，向市区两级部门都进行了发送。根据行政诉讼法的规定，政府部门在收到违法查处申请后应当在 60 日内履行职责，否则申请人都可以向法院提起诉讼。

【违法查处立竿见影】

在笔者发送违法查处申请书后的大约一个星期，笔者接到了区住建局法制办打来的电话，住建局向笔者调查了业主所购房屋的整体情况后表示，会严肃处理开发商捆绑销售的问题。住建局打完电话的第三天，开发商就打电话抛来了橄榄枝，约所有业主包括律师沟通和解方案。律师选择在律所进行谈判，一来在律所谈判有利于壮大业主的气场，给业主力量；二来不管初次谈判的结果怎样，谈判结束后律师和业主们可以及时开会商量并决议。

犹记得谈判那天，业主们一个个满腹苦水，等不及前一个业主说完话后一个业主就迫不及待地想发言，开发商委派的销售经理也很有耐心地听完业主们的发言。在业主们各自表达诉求后，销售经理表示其实在他来谈判之前，开发商管理层已经经过多次会议讨论，方案就只有两种：第一种，房、车位及电商费一起全部退，包括中国人民银行同期贷款利息；第二种，房、车位及电商费都不退，免两年的物业服务费。但业主们大多数的诉求是，房不退还要退车位及协议上写的车位费用。谈判时间持续了 4 个多小时，双方僵持不下，业主坚持自己的方案，销售经理表示方案是集团高层会议的结果，他也做不了主，只能回去跟领导汇报，至于业主的方案能不能通过他也不好表态，但不管结果怎样他都会跟笔者后续再进行电话沟通。

开发商的销售经理走后，笔者和业主们马上开会进行讨论，笔者的观点是大家可以耐心等等，现在还只是前期阶段，开发商拿出的方案不一定是最终的方案，但是也不排除开发商确实最终妥协的就是这个方案，如果不接受的话以后可能再怎么采取行政手段维权都不会有任何结果了。但至少目前来看，开发商愿意和律师及业主积极沟通是个良好的开始。

大约又过了一个多星期，笔者接到了销售经理的电话，说高层开会讨论只能提供之前说过的方案，现在开发商也是被业主维权闹得心力交瘁，这个方案也仅是对委托笔者的维权业主，对于其他的业主，开发商一直是不理睬的态度，甚至很多业主基于车位的问题去法院直接提起民事诉讼要求解除购房合同，法院均没有支持业主的诉讼请求。这也是笔者代理集体维权不直接进行民事诉讼的原因之一，因为达不到合同解除的根本条件。

和销售经理打完电话后，笔者将情况及时向各位业主进行了沟通并做了利弊分析。律师的建议是，现在信息公开还没有回来，我们手里还没有太多开发商的"痛点"，没有谈判的筹码，我们可以先暂时保留开发商的方案，看看信息公开调查回来的结果。如果信息公开的结果是开发商有很多违法违规的点，大家又表决要继续施压的话，可以拒绝开发商的方案；如果信息公开的结果开发商的违规点不是很致命，大家可以考虑表决接受开发商的方案，毕竟手里没有开发商的"把柄"，而且开发商也知道自己建房没有什么违规点。若我们不接受开发商提出的方案，可能后期真的什么都拿不到。但最终是否接受开发商的方案取决于业主们的表决，业主们听了律师的建议后也同意先等等政府信息公开的结果。

【"千年难题" 只能靠表决】

时间过去了1个多月，所有的政府信息申请都已经答复。笔者将所有的答复整理成了《政府信息公开调查报告》，报告显示开发商绿化率应达到31%，但根据律师去现场的情况初步判断绿化应该达不到31%，并且有很多绿化进行了改动，比如将绿地改成了建筑物或者构筑物。另外，根据《建设工程规划许可证》的附图显示，每栋楼的入门处应该有无障碍设施通道，但实际上并没有，不应通过规划验收。

笔者约业主们第三次开会讨论。笔者首先介绍了信息公开调查回来的结果，表示：一是绿化率不达标的问题。因各地方的机构职能有调整，有的城市的行政处罚权转移到了城市管理综合行政执法局。我们可以向有行政处罚权的部门发送违法查处申请书，要求对开发商绿化不达标进行查处。但这个问题的力度不是很大，就算是认定开发商行为违法的话，也最多对开发商处以一定的行政处罚，金额不大，并要求开发商限期对小区绿化率进行处理以达到规定。二是规划核验的问题。规划核验可以直接提起行政诉讼，要求撤销规划部门核发的核验意见，但很多法院会以业主没有利害关系驳回起诉，就算进入实体审理的话，法官往往也会驳回业主的诉讼请求。然后，笔者跟各位业主沟通，开发商的方案只能是之前提到过的，不会有任何提高，而且只等我们三天时间。最后，大家通过表决机制投票到底是接受开发商的方案还是继续维权。

听完笔者的分析后，业主们还是觉得愤愤不平，表示不想退房只想退车位，而且要退车位协议上的车位费，也就是少的有40多万元，高的多达120万元。但律师看出有些没表态的业主可能是想接受开发商的方案，这个时候不管每个人的真实想法究竟怎样，客观来说只能运用表决机制了。

业主们充分思考后，每个人在自己的投票纸上写下了自己的意见。最终15位业主全部参加了此次会议，有6位业主同意开发商的方案，9位业主选择继续维权。

【最终的结果只能淡定接受】

最终业主投票表决拒绝了开发商的方案。律师研究了该市的机构职能调整的相关文件后，向市、区城管部门发送了《绿化不达标的违法查处申请书》。区城管部门收到查处申请后笔者再次接到了销售经理的电话，表示之前提的方案可以再商量。笔者提出了两种方案。第一种方案：房、车位及电商费一起全部退，包括中国人民银行同期贷款利息，再加已交房款10%的赔偿；第二种方案：房、车位及电商费都不退，免2年的物业服务费，再加已交款项（包括购房合同的房款、车位费、电商费）10%的赔偿。销售经理表示10%的赔偿有点高不太可能，但会上报董事会沟通。挂完电话，笔者在业主群传达了和销售经理的沟通经过，但仅有少数业主明确表示可以接受第二种方案，大多数的业主还是希望是第一种方案。

和销售经理沟通后的第七天，笔者再次接到了销售经理的电话，销售经理表示董事会只同意了第二种方案，房、车位及电商费都不退，免两年的物业服务费，但已交款项10%的赔偿达不到，最多是6%。笔者意识到开发商第二次给了明确的方案，需要召开业主会议进行表决了。

考虑到业主们白天都有工作，笔者和业主们约了第二天晚上7点在律所开会。会议开始，律师向业主们汇报了和销售经理多次电话沟通的情况，开发商表示方案只能是房、车位及电商费都不退，免两年的物业服务费，再加已交款项6%的赔偿。对于这一结果，大多数的业主们表示不能接受，只能按照第一种方案进行，房、车位及电商费一起全部退，包括中国人民银行同期贷款利息，已交房款的比例赔偿可以不要。在大家表决不一的情况下，律师再次运用表决机制，投票的结果是15位业主全部参加了此次会议，有7位业主同意开发商的方案，8位业主选择继续维权。根据议事规则的规定必须有一半以上的业主同意才能决定接受开发商的方案，律师在投票环节只能起到建议的作用。既然没有过半的业主同意，那么律师就按照投票结果继续维权。

接着，笔者以规划部门为被告提起行政诉讼，一审、二审都以业主无利害关系为由裁定驳回了起诉。一审、二审的判决结果出来后笔者和销售经理又经过了多次电话和办公室的会议沟通，销售经理表示业主的诉求他个人也表示理解，但他不能代表董事会决议。董事会的态度也很明确，不同意退房退车位，只能给予一定的补偿，而且补偿的最高上限只能是已交款项的6%。

笔者向房管部门发送了捆绑销售查处申请书，该部门答复开发商不存在捆绑销售行为，故不作出行政处罚。律师针对房管部门提起行政诉讼，要求撤销答复决定书。一审、二审法院都以业主无证据证明是捆绑销售驳回了诉讼请求。之前律师就绿化问题向城管部门提出了查处申请，城管部门的答复是要求开发商限期6个月内整改直至绿化率达到31%。律师后来多次与销售经理电话沟通，销售经理表示现在董事会也被各种查处和诉讼折腾的不想再和业主谈判了，该建设项目另外几期的业主也是不停地信访和投诉，开发商愿意接受政府部门或者法院的任何判决，但绝对不会和业主谈判了。

在投票表决继续维权后，本案又历经了长达一年的查处及诉讼过程，但不管笔者怎样发送查处和提起行政诉讼，开发商都不为所动，业主们觉得很无奈，虽然不能接受但也只能收房住和使用车位。

【办案分析】

笔者代理过很多集团诉讼，听过上千名业主讲述购房时掉过的一个又一个陷阱，有很多陷阱因为业主疏忽大意不注意收集证据导致后期民事维权的可能性很小，甚至几乎为零。笔者也很理解购房者，毕竟法律方面的陷阱不是专门做这一行的很难看清其真面目。特别是近些年买房犹如抢房，能抢到房就已经是幸运中的幸运了。但笔者在这里还是要给大家提个醒，正是因为房子是刚需且宣传的"好楼盘"供不应求导致"购房潮"狂热不降，才有了很多拉横幅、信访投诉、集体退房等惨剧。如何理性地买房并看清开发商挖的陷阱，笔者就本案事例向大家提醒几点：

（一）捆绑销售，买还是不买？

开发商在房产销售中捆绑车位进行销售不仅属于霸王条款，而且涉嫌强制消费，属于违规销售范畴，其最终目的是提高售价来突破备案价的范围限制。因此，购房者对于这种强买强卖的捆绑销售可以依法拒绝。遇到此种情况，可以向有关部门投诉，比如有的开发商因为大量业主投诉捆绑销售就被暂停网签。现在也有一些城市出台了相应的政策或办法来治理这种违法捆绑销售车位的行为，比如杭州发布的《关于进一步规范商品住房及其地下车位（库）销售行为的通知》第4条规定，严禁捆绑搭售和价外加价。房地产开发企业及其委托的销售代理机构应当按照申报价格对外销售商品住房，不得以捆绑搭售车位（库）或者附加条件等限定方式违背买受人意愿，迫使买受人接受商品或者服务价格。

如果业主觉得楼盘的周边环境、地理位置、户型等确实很满意，但开发商要捆绑销售车位等，车位的价格跟周边车位的市场价相差不大，那买个车位也没有什么。不过在签协议时一定要睁大眼睛看清楚，是什么性质的车位，费用是多少。

如果捆绑销售的车位根本就办不了证，或者价格明显高于市场价，律师建议还是谨慎购买，毕竟一旦落入开发商的圈套，维权起来还是很劳心劳力的。

（二）电商费，交还是不交？

电商费是现在很多开发商用以提高房价的惯用伎俩，开发商以10万元抵20万元甚至50万元的方式吸引业主签合同，如果房子确实可以有这样的优惠还是很吸引人的。但凡事还是得多考虑一些，按照开发商的要求将10万元交给第三方电商公司时，笔者提醒：一是一定要与电商公司签协议；二是付电商费后一定要有收据并开发票，且在开收据或发票时一定要争取注明是购房款。笔者曾经代理过一起商品房预售合同纠纷，业主就是将高达70万元的电商费支付给电商公司后，没签协议没有收据没有发票。后来开发商逾期交房长达1年之久，业主委托笔者诉讼退房，在70万元的电商费的问题上笔者花了大量的心思准备代理意见及答辩状最终成功维权，解除了《商品房预售合同》，开发商退了合同上的首付款，电商公司作为第三人也被法院判决向业主退还电商费，且开发商对电商公司返还70万元的电商费承担连带责任。

另外需要注意的是，如果实际购买的房屋价格高于政府备案的价格，那么购房人在另行出售房产时，将会承担巨额的税费成本，下面笔者给大家算一笔账：

假设，从开发商购买的房屋实际价格为300万元，但在政府备案价格却是200万元，如果业主另行出售价格是350万元的话，业主将要承担的税费基数为"350万元－200万元＝150万元"，多么大的数字啊！

（三）律师建议要不要听？

第一，天上没有掉馅饼的事情，购房需理性。各位业主在买房时如果遇到开发商提的莫名的理由和要求，需要慎重考虑是否购买房产。律师建议如果觉得蹊跷或者不对劲的话还是不要购买，毕竟对于大多数普通人来说钱只够买一套房，但市场上可以选择的楼盘有很多，选择最安全和最合适的房屋最适宜。

第二，业主委托律师维权后，除了直接打民事诉讼外，像笔者进行的查处和行政诉讼，整个过程会和开发商不停地谈判沟通，根据维权的进展和开发商的态度，笔者能大概掌控在哪一阶段可以接受开发商的方案，所以业主尽量多听取律师的建议，才能最大限度地保障自己的利益。

第三，表决机制是商品房集团诉讼中最为重要的一个机制，开发商提供的方案是否接受都取决于业主们自己的投票表决，律师也只是负责提供建议和风险告知。就本案而言，律师在每一次的投票表决前都会将案件的进展和目前这个阶段律师的建议分析给业主，由业主根据自己的需求进行投票，无论结果如何，都必须接受，因为这是业主自己的选择。

法条链接：

室内水潺潺

——无法入眠的管道房

　　最近，所里加入了新的小伙伴，是建筑设计专业出身，和笔者从事的房地产法律服务行业渊源颇深。短短一周的熟悉后，应所里其他小伙伴的一致请求，请新加入的小伙伴给我们专门讲解了商品房设计的基本规范。

　　当笔者回头总结此次培训时，看到自己所做的笔记"公共管道不能设计在套内、公共阀门等用于总体调节和检修的部位，应设计在共用部位"，便不由地联想到自己曾经亲自办理的一起案件，房屋内存在大量的公共管道，暂简称这类房屋为"管道房"。当然了，此"管道房"非专业意义上的管道房。

【倦鸟已归，为爱筑巢】

　　那是在 2009 年初春的一个星期一早上，笔者刚出电梯门，便远远地看到紧锁的办公室门口，有一位大姐在焦急地走来走去。笔者快走几步上前，一问才知道，原来是慕名而来的咨询者。笔者急忙打开办公室的门锁，把前来咨询的大姐迎了进来，打开电脑和大姐聊了起来。

　　大姐姓周，和丈夫大学毕业后一起留京自主择业，夫妻二人勤勤恳恳努力了小十年，手头终于有了点余钱，眼瞅着就到了高龄产妇的坎了，经不住双方父母的催促，准备养个孩子，可是眼下两人仅仅租住一间小卧室。

　　丈夫考虑到周大姐怀孕产子期间的生活起居，以及双方父母亲戚前来看望的实际情况，最主要的是考虑到孩子以后的上学等各方面的问题，小两口一合计，咬咬牙，决定按揭一套期房。这样既可以缓解装修款筹集的压力，也能够预留充足的时间来按照自己的设计完成房子的装修，更为重要的是，孩子也能够一出生就生活在属于自己的家里面。

夫妻二人结合备孕、生产计划，搜集了各大楼盘的销售信息，经过慎重的挑选和比对，最终选择了一家开发商为知名国企的楼盘。签订购房合同前，夫妻二人还专门到工地看了看，确认所购买的楼房主体已经封顶后，这才拿了双方父母给的购房"赞助"。在 2006 年 6 月 1 日夫妻两人和开发商签订了《商品房预售合同》，合同约定：房子面积为 80.32 平方米，总价款为 120.48 万元，在 2007 年 10 月 30 日前开发商完成交房。

合同签订完成后，夫妻二人高高兴兴地按照自己的计划表，一边继续努力存钱，一边备孕、查找家装设计方案……一切都有条不紊地在进行着。隔一两周的时间，两人就到小区门口去转悠转悠，看看自己所购买楼房的建造进度——外墙已经处理好了、窗户已经安装好了、小区内的道路已经建好了、小区的绿化带修建好了、物业已经入驻了……

在距离交房截止日期的前一个月，两人收到了开发商邮寄的收房通知，告知房屋会按期交付给他们使用。此时，夫妻二人的心里踏实了许多，之前害怕延期交房的担忧荡然无存了。

【谨慎收房，防不胜防】

眼看着收房的日子越来越近，周大姐却整天精神萎靡不振，因两人一直在备孕，到医院一查，确诊已经怀孕。获知消息的丈夫非常开心，坚决不让周大姐太劳累。于是二人决定，在收房时找有经验的朋友来帮忙。

一晃就到了开发商通知的收房时间——2007 年 10 月 25 日，这天一大早，周大姐夫妻二人和自己的朋友一行人，一路奔向了小区。刚从路口转了过来，远远就看见有现代感的小区大门，矗立在郁郁葱葱的林木中间；一进小区，映入眼帘的便是造型颇佳的假山、喷泉，修建得整整齐齐的景观绿植错落在道路的两旁。一边走一边听见朋友夸奖自己有眼光，周大姐心里更是乐开了花，增强了对于收房的期待和信心。

一行人来到小区物业处，拿出购房合同和身份证件做了登记，便在工作人员的陪同下一起前往自己购买的房屋进行查验。当工作人员打开房门时，大家依次进入房屋，入眼的不是灰不溜秋的水泥砂浆墙，而是开发商做了简单刷白的墙面，看起来舒适又美观。在朋友的指导下，周大姐夫妻俩仔仔细细看了一周，没有发现有什么大的问题，只是存在一些小问题——预留的地插有一个不通电、主卧窗户的把手坏了锁不上、客厅窗户纱窗破了需要维修等，再就是客厅有一部分墙面比其他部位突出，并且该突出一直延伸到整个天花板。

然而，当周大姐再次转到卫生间，查看卫生间窗户纱窗时，发现了卫生间靠近窗户的一角也和客厅一样，是突出来的，好奇心起的周大姐屈起手指敲了敲，想看看是不是承重墙，心里还在想着："如此太不美观了，如果不是承重墙，装修的时候就拆掉，重新划分一下，说不定还可以多利用空间呢！"可是，不敲不知道，一敲，只听见回音清脆悠长，显然是中空的，并不是房屋的承重墙或是隔断的砖墙。顿时，周大姐心生疑惑，紧沿着该突出部位往各个方向敲击，这才发现，沿着突出往上直到天花板，类似横梁的突出全是中空的。心生疑虑的周大姐，回到客厅，立马把客厅的突出部分也试着敲了敲，发现原来客厅的突出部位和卫生间是一样的情况。

发现这个问题后，周大姐用了近一个小时的时间，再次仔仔细细查看了房间其他部分的情况，最终在靠近主卧的储藏间，也发现了同样的问题。周大姐把这个发现悄悄告诉了自己丈夫和朋友，三个人经过商议，决定要求工作人员把该发现当作问题记录在收房单上，并注明里面包裹的是什么。

商定好后，周大姐就向工作人员询问了起来，刚开始的时候，工作人员支支吾吾并不愿意准确地说明，后又推脱自己不清楚，需要请示经理。在接到工作人员的电话后10分钟左右，负责收房事宜的经理就急匆匆地赶了过来，一边向周大姐等人致歉，一边解释说道；包裹在里面的，是整栋楼的给水总立管，为了美观起见，所以就先行用材料包裹了起来，也节省了业主自己装修的成本；并且，占用区域的面积，并不会计入房屋的总面积。

一听是水管，周大姐的心放下了大半；在此之前，一直担心是燃气管道，如果是的话就存在很大的安全隐患。听了该名经理的解释，周大姐所担心的使用面积是否会减少的问题虽然解释明白了，可心里还是有疑惑，于是坚决要求将上述问题和解释写在收房单上。但是经理一再解释，不会影响房子的正常使用，就是不太愿意写明该情况。经过再三的交涉，最终在收房单上写明了情况。接下来，安下心的周大姐，安安心心地收了房，交了契税和大修基金后，高兴地准备起装修的事情。

丈夫为了照顾好刚刚升做准妈妈的周大姐，将装修的事情全部揽了过去，周大姐仅仅提供装修的意见和建议。在装修的过程中，两人为美观，只好把客厅天花板突出的部分通过吊顶，装修成了齐平。

在夫妻二人的共同努力下，房子装修在三个月内就完成了，通风有小半年后，一家人搬进了小家。孩子也如愿从出生就住在属于自己的家里了。

本以为，在自己家里坐月子，会很安心的周大姐，自从搬进新家后，过得并不舒坦——由于照顾孩子，睡眠时间比较少，可每当她快要入睡，房间里面总会若隐若现的有水流声，吵得其难以入眠。因此，周大姐基本上都是一整夜一整夜醒着。为了避免打扰到丈夫休息，周大姐总是一个人在深夜躺在客厅的沙发上发呆，本来是想要利用夜深人静的时候想想事情，让自己的情绪更好一些，可低矮的天花板和时高时低的水流声，令人更加压抑，无心思考，更难以入睡。辗转反侧的周大姐就在漫漫长夜里琢磨水流声的来源，思前想后，得出的结论是：水流声肯定来源于当初收房时没上心的管道，房屋因管道空间的存在，缩小了本来可利用的空间高度。这是造成新房无法安居的根源。

自以为找到问题症结了，想当初也在收房单上记录了，维权应该比较容易，于是周大姐就直接联系了开发商，要求对于上述问题进行协商解决。但是，开发商迟迟不给答复，多次催促后，均无限期地延迟。忍无可忍的周大姐立刻寻找律师来帮助，于是就出现了文章开头的一幕。

【慕名而来，满意而归】

其实，一开始，周大姐并没用直接讲述买房、收房以及后续自己维权的种种，而是情绪激动且坚定地对笔者说："我要退房，要和开发商解除合同，水管在房间里影响我的生活了！"在笔者的安抚下，周大姐渐渐平静下来后，方才娓娓道来。

听完讲述，笔者看了看周大姐携带的材料，有《商品房预售合同》、购房发票、完税证明、大修基金缴纳发票以及收房单的复印件，还有办理按揭的一些材料。笔者仔细翻看了周大姐和开发商签订的《商品房预售合同》，发现该合同中对房屋的面积、户型、通道、设备等均作出相关约定，并且还专门约定了房屋的层高为2.8米，但是并未就房屋室内是否铺设公共管道作出明确约定。

看完材料后，在笔者内心就已经形成了一个初步的方案，于是便向客户做了如下的说明：

第一，开发商在房屋内铺设管道的行为，不符合国家住宅设计规范标准。根据国家《住宅建筑规范》之规定，公用功能的管道包括住宅的给水总立管、雨水立管、消防立管、采暖供回水总立管和电气、电信干线（管），不应布置在套内。公共功能的阀门、电气设备和用于总体调节和检修的部件，应设在共用部位。开发商在房屋内铺设的公共管道，不符合国家《住宅设计规范》的相关标准，存在重大瑕疵。

第二，开发商未如实提前告知室内铺设公共管道的事实，违反了诚实信用和公平交易原则。根据我国《合同法》第5条"当事人应当遵循公平原则确定各方的权利和义务"、第6条"当事人行使权利、履行义务应当遵循诚实信用原则"的规定，以及第42条"当事人在订立合同过程中有下列情形之一，给对方造成损失的，应当承担损害赔偿责任：（一）假借订立合同，恶意进行磋商；（二）故意隐瞒与订立合同有关的重要事实或者提供虚假情况；（三）有其他违背诚实信用原则的行为"的规定，开发商因此需要承担相应责任，建议主张经济损失赔偿。

第三，根据法律规定，结合现有的证据，无法认定开发商的行为构成根本违约。即使符合法定解除的条件，距离收房已经过去一年多了，远远超过了法定解除权的行使期间，此时如果再主张解除合同、退房，有很大的可能法院不会支持。

最后，根据现有的司法实践来看，如果向开发商主张赔偿，获得法院支持的可能性会大很多。

听完笔者的详细说明后，周大姐向笔者咨询道："第一，如果主张赔偿，应该从几个方面去主张呢？第二，赔偿数额主要依据什么来确定？第三，这种情况下，能够获得赔偿的数额大概在什么范围？"

笔者向周大姐释明：第一，因房屋可能存在两个方面的问题，管道违反设计规范和层高违反合同约定，而管道问题在合同中并未约定，虽然层高有约定，但是并未约定违反合同约定的法律后果。第二，涉及管道方面的赔偿，法院一般会考虑管道的存在给购房人带来的损失以及因为管道的存在导致房屋价值的贬损，而房屋价值的贬损主要是按照价格认证中心评估的房屋价格和购买房屋支付的价格进行比对，两者差额一般为赔偿的数额。第三，房屋层高的违约金，在合同中一般都未予以明确。司法实践中一般是由法官考虑以下四点因素后进行酌定：其一是房屋层高对房屋价格的影响，其二是空间尺寸的减少给房屋使用功能造成的影响，其三是开发商因该层高降低而减少支出所获得的减少部分的利益，其四是开发商在订立合同时本应该预见到的因层高不符合合同约定可能给住户造成的损失。

听完笔者的话，周大姐竖起了大拇指，赞扬道："果然名不虚传，找你们我是来对了！"并主动要和笔者签订委托协议，维护自己的权益。

笔者安抚住着急的周大姐，进一步解释，此案件我们接受委托后律师的工作程序如下：

第一，基于开发商已经违反了《住宅建筑规范》的相关规定，前期的话，律师会调取一下小区的施工图、竣工图（包括剖面图、立面图）等图纸，以此来确定房屋设计的层高以及管道情况，看看是否还有其他违法的地方，可以针对违法之处作为和开发商谈判的筹码。

第二，针对开发商未提前告知所购房屋室内铺设公共管道，建议提起民事诉讼，要求开发商承担民事赔偿责任；但是在诉讼中，需要申请法院对于房屋的价格进行评估，评估的费用需要我方先行垫付。

第三，层高问题，如果属实，那么开发商就构成违约，可以要求承担违约赔偿责任，但是在诉讼中需要向法院申请进行鉴定，鉴定费用也需要我方先行垫付。

第四，关于评估费和鉴定费，是一笔数额比较大的支出，在提起诉讼时，可以申请法院让开发商先行垫付。但是，并不能保证法院一定能做到，毕竟原告有自己的举证责任，这与法官的自由裁量权均有很大的关系。

和周大姐聊完上述事宜后，周大姐很开心，直言表示咨询过这么多次律师，这是最让她满意的一次，不仅解释了疑惑、给了解决方案，还告知了工作的内容以及可能存在的风险问题，于是立马就签订了《委托代理协议》，委托笔者进行维权。

协议签订后，笔者也即刻开展了工作，一方面向国土和资源局申请了小区平面图、施工图、竣工图（立面图、剖面图）、轴面图等相关的信息公开，以便详细了解小区以及周大姐所购买房屋的整栋楼详细情况，争取通过谈判的方式进行解决；另一方面做好诉讼的准备，多方查找支撑诉讼请求的相关法条、案例和司法解释。

然而，信息公开申请如同石沉大海，久久得不到回应。笔者通过电话沟通进行了多次催促后，信息公开在超期一个星期后邮寄了过来。可喜的是，虽然过程比较曲折，但结果是比较好的：管道设计均不在套内，设计的楼房层高确实为 2.8 米。据此，笔者代表周大姐夫妻尝试和开发商谈判，但开发商蛮横地拒绝了，认为：房屋中有管道通过，故在交房时进行了局部处理，虽然致使局部吊顶较低，但不影响居室的使用和美观；并且该管道系多家业主共用，涉及其他业主的权益，现在也无法进行拆除；其行为合法合理，不存在违约，因此不承担任何责任，没有必要商谈。

收到开发商的如此答复后，笔者迅速将准备好的诉讼材料递交法院：以开发商为被告，提起了民事诉讼，要求开发商对于层高低于合同约定的标准承担违约赔偿责任，并对因房屋中添设管道致房屋价值贬损及导致原告的其他损失部分要求赔偿，诉讼费及鉴定费用由开发商来承担。

立案后，大概过了有半个月的时间，法院通知开庭。在庭审的过程中，开发商拒不承认房屋层高不符合合同约定，认为笔者实在无理取闹，要求法庭驳回诉讼请求；于是，笔者向法院递交鉴定申请，请求对于房屋的实际层高进行鉴定以及房屋中添设管道后的房屋价值进行鉴定。经过笔者和法官的多次沟通，法官同意了笔者的申请，对于房屋的层高问题和房屋价值，通过摇号的方式选定第三方机构进行了鉴定。

又过了一个月的时间，笔者接到法院的通知，表示将安排再次开庭，并邮寄了鉴定结果。鉴定结果显示：房屋层高鉴定为 2.62米；价格认证中心建议铺设管道房屋价格应在原房屋价格基础上扣减 2.85%。

至此，开发商将公共管道设置在套内给周大姐造成损害和因层高不符合合同约定而违约的事实成立，但是难点在于如何确定赔偿标准以及应适用什么法律依据。

笔者认为，业主所购买的是商品房的实际居住空间而非面积，因此，层高缩减必然造成居住的房屋空间的缩减，也给装修、使用房屋造成一定程度的影响，继而影响生活、居住的舒适度。虽然周大姐和开发商在合同中并未约定层高不足如何计算违约的损失，但在目前的法律法规中，《最高人民法院关于审理商品房买卖合同纠纷案件适用法律问题的解释》中明确规定了关于房屋套内建筑面积或建筑面积与商品房买卖合同约定面积不符的处理规定。因此，对因层高不足引起的纠纷笔者认为应借鉴适用该解释中关于面积误差的处理方法更为合适和公平。

到了再次开庭的这天，笔者将案件材料准备好，并提前准备了书面的代理意见。庭审中，开发商对鉴定结果不予认可。对于管道的问题，开发商仍然坚持认为自己不承担任何责任，认为管道在套内，即使违反《住宅设计规范》，也应受到行政管理部门的管理约束，而不需要向业主承担所谓的民事赔偿责任。

对于此，笔者将查询到的最高人民法院的判例和最高人民法院审判业务意见（民一庭意见）（2008年第2辑《民事审判指导与参考》）向法庭提交，同时提交了书面的代理意见，主要论述了以下两个方面的内容：

第一，被告违规将公共管道铺设在套内，在和原告签订合同时故意隐瞒与订立合同有关的重要事实，应当依法承担损害赔偿责任。

（1）根据国家《住宅建筑规范》之规定，公用功能的管道包括住宅的给水总立管、雨水立管、消防立管、采暖供回水总立管和电气、电信干线（管），不应布置在套内。公共功能的阀门、电气设备和用于总体调节和检修的部件，应设在共用部位。案涉房屋内铺设有公共管道，不符合国家《住宅设计规范》标准，被告存在重大违规事实。

（2）原告作为商品房的买受人，同时也是普通的消费者，在购买时对于房屋的实际情况享有知情权，即便公共管道必须设置在房屋之内，被告也应提前告知原告，以便购房者做出正确的选择和意思表示。

（3）根据我国《合同法》第42条规定，在订立合同的过程中，当事人故意隐瞒与订立合同有关的重要事实或者提供虚假情况给对方造成损失的，应当承担损害赔偿责任。被告在预售房屋时，涉案房屋所在的单元楼主体已经封顶，公共管道的设置位置业已确定，因此被告对于该重大事实的不告知，存在重大故意。同时，被告不能以房屋中的管道已进行了局部装修，不影响房屋的使用和美观为依据来抗辩免责。

（4）关于具体赔偿的标准，最高人民法院已经有在先的判例和指导意见。最高人民法院的裁判规则也普遍认为，开发商在预售商品房时未告知购房人所购房屋内铺设公共管道，应承担相应的民事赔偿责任，并依据法院委托价格认证中心评估的结果来对照进行确定数额。

第二，被告交付的房屋层高不符合合同的约定，属于违约行为，根据法律的规定，应承担违约责任。

（1）根据《合同法》107条第1款规定："当事人一方不履行合同义务或者履行合同义务不符合约定的，应当承担继续履行、采取补救措施或者赔偿损失等违约责任。"被告交付原告的房屋层高虽然达到了国家规定的最低标准，但是没有达到合同约定的高度。被告的行为属于违约行为，应当依法承担违约责任。

（2）我国的合同法明确规定了违约责任的主要规则原则为严格责任原则，它在合同法的适用中具有普遍意义。被告作为开发商，在楼房主体已经封顶的情况下，明知规划层高为多少、规划是否变更、最终层高是多少，但却在合同中故意未如实告知，"举轻以明重"，被告更应承担违约责任。

（3）对于具体的赔偿金额，虽然现行法律没有规定，合同也没有约定。但是，原告所购买的商品房层高不足，势必影响到了房屋立体空间，已经对原告的生活品质造成巨大影响，并在精神方面带来了极大的压力和负面的影响。因此，在没有法律规定如何计算损失的情况下，参照面积误差的处理方法来计算违约赔偿数额更合适不过了。

庭审结束半个月后，笔者收到了一审判决书，对于原告所主张的公共管道铺设损害赔偿的诉讼请求，法院参照最高人民法院指导意见，支持了周大姐的诉讼请求。对于层高的违约行为，法院认为房屋层高已无法改变，也难以采取补救措施，且开发商客观上也未因故意降低原建设标准而获利；虽房屋实际层高与合同约定有差距，对原告使用房屋和生活居住舒适度确有一定影响，但该影响相对有限。综合考虑后酌情确定由开发商按房屋总价款的2%支付赔偿款。

后开发商对此判决不服提起了上诉，二审法院驳回了其诉讼请求，至此，周大姐的维权大获全胜。

【办案分析】

第一，买房不易，收房请注意。

很多人认为，买房太不容易了，收房相对来说比较容易，大概看看房子质量好不好，简单看一下配备的设施能不能正常用就好了，其他墙、地等都已经建成了，看不出来什么，就不用看了。其实呢，收房和买房同等重要，都需要同等重视。如果稍不注意，简单看看就签字收房，收房后如果房屋出现问题，后续维权会相当困难，这在实践中有非常多的案例。在此，建议各位广大读者朋友，请您在收房时最好能够请专业机构对房屋进行检测后再办理收房手续；再不济，收房前先在各大搜索引擎搜一搜，或者咨询一下专业的房产律师，都会教您几招如何收房。

第二，遇事别慌，专业人帮忙。

不论您是准备要收房了，不清楚"两书一表"，不懂得如何核验房屋是否符合《住宅设计规范》，不懂得查看是否符合居住条件，还是您已经收房了，但是遇到了各种各样的问题，急需要维护您的权益，请您一定要理智思考，找对专业的人来助您解决问题。

法条链接：

退不了的定金

——挣脱认购书的枷锁

【前言】

　　房屋认购书，有时被称为购房预定书、订购书等。不同于一般的商品买卖，房地产市场通行的惯例，是在正式房屋销售（或预售）合同达成前，先签署一份认购协议来作为保障。乍听上去，　　　　的行规似乎不错，总容易让买房人回忆起某次成功预定热门餐厅的愉快经历，从而放松了警惕，一厢情愿地把它视为于己有利的一道保险。然而，古语云"福兮祸之所倚"，投资中讲收益与风险并存，法律上更是强调多大权利匹配多大义务，房屋认购书其实也是这样一把双刃剑，既可能刺向开发商，也可能刺向自己。下面的案例，就是一个"保险栓"变"套马索"的故事。

【房源紧俏，欲购从速】

　　"唉，都是我那败家媳妇儿……不好意思啊，王律师，接个电话。"李先生刚发表完开场白，就被一阵急促的铃声打断。向笔者稍示歉意，李先生拿起手机，低头扫了一眼来电显示，按下接听键的同时，原本愤愤地愁容瞬间消融："亲爱的，我已经到了。放心吧，王律师经验丰富，肯定有办法……没事、没事，别担心。哎呀，我怎么会怪你呢，要怪也是怪我……放心吧啊，一会去接你。"放下电话，李先生撇了下嘴，与笔者相视一笑，讲述起他的遭遇。

　　李先生和赵女士是一对恋人，一起在北京奋斗多年。年岁渐长，也有了积蓄，二人便商量着结婚、买房。李先生平时工作繁忙，时常加班，赵女士就担负起了去各大楼盘"刺探军情"的重任。不久前，赵女士经朋友介绍看了一处楼盘，地理位置极佳，开发商也知名，加之楼市一路看涨，便动了心。李先生刚听到爱人喜不自禁的"情报"时，劝她先冷静冷静再多了解了解，但终于还是没架住爱人的迫切心情，决定一同前往询问。

9月1日，秋气渐爽，售楼处却人头攒动，氛围火热。加之旁边销售人员着意烘托着"房源紧俏，手慢则无"的紧迫形势，让淡定的李先生也有些按捺不住了。但买房毕竟不是小事，草率不得。二人一时犹豫起来，买吧，似乎不太有底，不买吧，要是售罄了岂不后悔莫及。正在左右为难之际，销售人员又"贴心"地告知，可以先不用签订正式的买卖合同，只要签一份认购书，再押上部分认购金，就可以保留看中的房子，半个月后再签订正式合同。如此，一来可以提前占好位置，二来可以用这半个月时间再筹集一下首付，三来在正式签订合同前还可以回去仔细斟酌一下。小两口听完，疑虑顿消，一举三得的认购书，还有什么理由不签？二人几乎是在迫不及待的状态下签了字，并兴高采烈地交付了20万元认购金。

万万没想到的是，这份短暂的喜悦很快就蒙上了阴霾。

【 "认购"难"认" 】

原来，9月9日这天，一则传言在买房者中发酵。所认购楼盘的用水、用电是商业用水、商业用电，而按照北京市的标准，在通常居民生活的用水、用电量范围和时段内，商用要比民用价格高出一倍还多。初时，李先生尚暗自庆幸，还好签署的不是正式的买房合同。但当二人回过头来，再仔细翻阅认购书条款，却发现其中规定着如果没能在9月15日如约签订正式合同，认购金是不能退还的！

"唉，还是大意了。当时看着认购书就那么一页纸，不像是正经文书，销售又在边上催，说具体事项可以在签买卖合同的时候再详细核对，心里就没太重视……您说这认购书能不'认'吗？"李先生沮丧而疲惫的神态，透露着这两天的煎熬。笔者瞄了下桌头的台历，9月13日，后天就是截止日期了。

"李先生，您先宽心，这事也不是没有回旋的余地。"详细看过资料后，笔者整理了思路，做出如下分析：

我方的诉求是要回 20 万元的认购金。因此首先要明确认购金在法律上的意义，进而寻找返还的依据。

认购书中明确写明了买房人应在 9 月 15 日前往售楼处与卖房人签订《商品房买卖合同》，买房人违约则认购金不退，卖房人违约则双倍返还认购金。这种条款在合同法中被称为定金条款，对违约方的惩罚措施被称为定金罚则。结合整个认购书的内容来看，此项约定合法有效，如果李先生违约的话，是不能要求返还认购金的。因此，要想拿回 20 万，就一定不能违约，非但不能违约，还要积极主动地去签订合同。

"不是，王律师，咱就是不想签那合同不想买那房子才来找您想办法，您这不是等于说这事儿没辙吗？"听到这，李先生有些坐不住了。

"您别急，还有下文呢。"笔者接着分析道：

"虽说我们如果想不违约的话就要去签那份买卖合同，但是，此'签合同'非彼'签合同'。认购书中所谓的如约签订合同，并不是说我们只能老老实实地在开发商提供的合同上签字，而是指要按照约定的日期在约定的地点经过双方协商来签订合同。换句话说，认购书保障的是签合同的协商过程，而不是签合同的完成结果。这是因为，认购书在法律上仅仅是一种'预约'，顾名思义，只是为将来签正式合同做的预先约定。既然是预先约定，就不能等同于正式合同的订立，否则岂不意味着买房人在签署认购书的时候就决定了将来要无条件接受开发商提供的任意正式合同，法律是不承认这种约束力的。"

"对此，最高人民法院出过一个关于商品房买卖合同的解释，其中第 4 条规定：'出卖人通过认购、订购、预订等方式向买受人收受定金作为订立商品房买卖合同担保的，如果因当事人一方原因未能订立商品房买卖合同，应当按照法律关于定金的规定处理；因不可归责于当事人双方的事由，导致商品房买卖合同未能订立的，出卖人应当将定金返还买受人。'这也就明确表明了，出现没有订立买卖合同的结果，并不意味着卖房人一定会失去定金，只要能证明未订立合同是因为'不可归责于双方'的原因。那么什么叫作不可归责于双方的原因呢？我们在认购书约定的时间、约定的地点，去和开发商协商签订合同并提出合理的意见，但对方始终不同意，这就叫作'不可归责于双方的原因'。"

"原来如此。"听到这里，李先生自进到办公室就一直紧缩的眉头终于有了舒展。笔者分析至此，本案的策略也就成形了：

在认购协议约定的签约期限内，我们将准时前往售楼处，与开发商就《商品房买卖合同》进行磋商。首先，发掘《商品房买卖合同》中存在的重大问题；然后，根据所发现的问题，向对方提出合理的异议，积极沟通、展现诚意，并留存证据；最后，若协商无果，依据最高人民法院的解释，诉请法院返还认购金。

送走如释重负的李先生，笔者却不敢大意，时间紧急，虽然框架已定，但仍有很多细节需要进一步敲定。键盘声中，夜色渐沉。

【短兵初接】

9月15日，认购书约定的最后期限。笔者以朋友的身份陪同李先生、赵女士来到了售楼处。现场依然人潮涌动，但想必已不会在小两口的心里掀起丝毫涟漪了。当初与二人签订认购书的销售员小王接待了我们。

不动声色的表明来签订买卖合同的意愿后，终于见到了正式的商品房买卖合同。按照来前的商定，李先生将小王拉到旁边闲聊，赵女士在旁边"打掩护"，笔者则集中精力审查起这份近100页的合同。依据多年的经验，实践中容易产生纠纷并对实现合同目的有重大影响的条款被迅速锁定、重点排查。不出所料，笔者很快就在土地抵押状态、房屋产权办理、装修标准等部分发现了问题，加上之前李先生对于商用水电费的疑虑，接下来的谈判计划迅速成形。

对合同拍照留证后，通过目光暗示，李先生结束了闲谈，和小王回到了前台。要开始摊牌了。笔者向小王表明，买卖合同现在不能签，因为很多条款不太公允，对买房者欠缺保障，然后详细列举了合同存在的问题，并表明我们对此存在异议，希望对这些条款进行协商。与此同时，笔者小心地开启了录音，赵女士也按照之前的安排，对李先生、笔者与小王的对话场景暗中进行了拍照。

小王这时才恍然大悟，原来来者不善。显然，对于处理此类状况，小王是受过培训的。她礼貌而机械地轮番用认购书都约定好了，购房合同没问题，大家都是这么签的等理由不断重复着合同是不能更改的，同时又软中带硬地强调认购书中的定金条款。当笔者再次坚定阐明了立场后，小王眼见搪塞不过便说自己没有权限，需要请示经理，但很快就去而复返并遗憾地表示，经理不在。

"怕是经理说的经理不在吧"，笔者已有所料，心想今天的任务已经完成，便暂时鸣金收兵了。

【扩大战果】

回去之后，根据今天看到的合同内容，笔者开始紧锣密鼓地拟定书面补充协议的初稿，将房屋交付、权属、抵押、基础设施（包括水电标准）、装修等李先生所关心的问题及合同中不妥、遗漏之处悉数囊括。接下来便是耐心地等待。

过了两天，李先生接到来电，对方自称姓贾，是负责楼盘销售的经理，邀李先生过去就《商品房买卖合同》订立事宜进行沟通。9月18日，笔者带好补充协议的初稿，协同李先生与这位贾经理进行了会面。

一见面，贾经理便先声夺人地指责李先生违约，并绘声绘色地讲述了几个因认购人未签订合同而丧失定金的案例。在一口咬定合同绝不会改之后，话锋一转，又开始言辞恳切地询问起李先生到底有何担心，是不是听到了什么谣言，他们是知名开发商，实力雄厚，值得信赖。其间，还貌似不经意地将开发商的关系网络、法务团队渲染了一番。最后以拍胸脯的口头保证收尾，劝李先生放心签订购房合同。由于来之前，笔者已经打了预防针，所以在看完贾经理的"表演"后，李先生并不为所动，沉着冷静地将有关顾虑和对合同条款的意见一一阐明，并拿出了早已准备好的补充协议初稿，要求附加到购房合同中去。

贾经理有些错愕地接过补充协议，随着纸张翻动，面色逐渐阴沉起来："李先生，你可能不太了解。这好多都是行业惯例，根本没有任何问题。我们企业的宗旨始终是把客户利益摆在第一位的，否则也不会做到今天这么大。企业到这个规模了，首先得讲制度，你这么改是通不过我们法务审核的，我也没办法；再一个得讲平等，对所有客户一视同仁。你看其他客户都是这样签的，你这么改也对其他客户不公平嘛。我也是为咱们考虑，毕竟还有个定金在里面，你再考虑考虑。"在收到笔者的暗示后，李先生缓和了一下语气，再次表明了自己的担忧，并表示我们是抱着解决问题的态度和友好协商的诚意来的，希望贾经理回去再和公司内部沟通一下，我们也回去再商量商量。之后便与贾经理告别了。

【乘胜追击】

当晚，李先生在笔者的授意下，主动拨打了贾经理的电话，表达了我们可以做一些让步的意思，约第二天继续协商。贾经理可能以为我们"动摇"了，便欣然同意。笔者连夜对补充协议进行了修改，但保留了最为核心的水电性质、抵押状况、交房时间等内容。

9月19日，笔者陪同李先生和贾经理进行了第二次会面。这次会面，李先生先主动出示了笔者昨夜修改的补充协议，以示我们为协商所做的努力。贾经理开始还想抓住机会继续说服李先生放弃补充协议，但很快就发现李先生的"动摇"只是自己的错觉而已。补充协议虽然作出了让步，但显然与他的预期仍相距甚远。意兴阑珊之余，贾经理只得把昨天的说辞又演练一遍，再次向李先生做了口头保证，仍然坚持合同的文本一个字都不能改。李先生也表达了对开发商的不信任，提出要按照补充协议，将相关事项在书面上落实。就此，面对面的会谈宣告结束。

以上两次协商的经过，笔者全程进行了录音存证。

【尘埃落定，成功维权】

与贾经理的第二次会面不欢而散后，那边就没有了动静。笔者决定主动出击。

首先，为了充分展现我们协商的诚意，笔者对补充协议进行了第三次修正。并于三天后根据前两次沟通获得的信息，通过特快专递和电子邮件的形式，向贾经理和开发商的法务部门寄送了修正版补充协议。对方不久后在电子邮件上回复了通知和修改意见，仍然拒绝对《商品房买卖合同》样本做任何修改。针对回复的通知和修改意见，笔者这次以律师身份，通过特快专递和电子邮件寄送了律师函，通过更为正式的函件形式继续强化对我方协商意愿与行动的证明。

当对方又一次失去音信时，我方的证据已经准备充足。于是，笔者向人民法院提起了诉讼，要求开发商返还认购定金及利息。通过翔实、确凿的证据，我方证明了李先生已经完全履行了认购书所约定的协商义务。在约定时间内，为购房合同的签订，从销售人员到业务经理再到法务部门，李先生与开发商一方进行了积极而充分的磋商，最终因为双方无法在有关合同目的实现的重大问题上达成一致，才使得购房合同没能签订，符合《最高人民法院关于审理商品房买卖合同纠纷案件适用法律若干问题的解释》第4条规定的"不可归责于双方"的情形。庭审中，被告曾抗辩，其已经接受了补充协议，双方在合同条款上并非未达成一致，是由于原告李先生没有按照认购书约定先行交纳首付款，才使合同无法签订。但在我方充分的证据面前，对方的狡辩没有得逞。

最终，人民法院依法宣判，完全支持了我方的诉求。李先生成功拿回了20万元定金及同期人民银行的贷款利率。

【办案分析】

近年来，因认购书而起的购房纠纷日渐增长。细究之下，许多购房人往往因为其听起来并不严格的称谓和较为简易的形式及条款而心生疏忽，大意之下难免日后陷入进退两难的窘境。

一、商品房认购书与商品房销售（含预售）合同的区别

商品房认购书与销售合同关系密切，通常而言，认购书的存在

就是为了保证将来销售合同的签订。考虑到大家对商品房销售合同是较为熟悉的，两相比较，将有助于对认购书性质的理解。

（1）目的不同。商品房销售合同的目的是直接实现房屋买卖，即买方获得房屋，卖方获得房款；而认购书的目的是买卖双方预期在将来签订买卖合同，即固定交易机会。

（2）权利、义务不同。两者不同的目的也就决定了不同的权利、义务。销售合同约定的权利、义务是买方付款、卖方交房；而认购书约定的权利、义务是双方为销售合同的订立进行合理、诚信的磋商。

（3）内容的确定性不同。销售合同对房屋的交易进行了详尽的约定，内容具体、明确，可直接照此完成交易；而认购书则通常只约定房屋的位置、面积、价款及将来进行磋商的时间、地点，内容较为宽泛，不能确定交易细节。按照最高人民法院的解释，当认购书内容具体、明确到包含了正式买卖合同的主要内容时，就会被视为销售合同了。

（4）违约责任不同。销售合同中，一方违约，除需支付违约金外，一般不能解除合同，还需要继续履行合同义务，且能被强制执行；而在认购书中，一方违约，则只需要支付违约金或承受定金罚则，且一般不能被强制执行。换句话说，认购书的当事人可以一定代价获得任意的解除权，无须继续履行合同义务。

二、定金条款的识别及生效。

认购书通常与定金条款相伴相生。定金条款，简单来说就是一方向另一方交付一定数量的钱款（即定金）来担保合同的订立、生效、履行等。如果一方违约，则丧失定金或双倍返还定金（称为"定金罚则"）。

问题是，像本案的情况，认购书中写的是"认购金"，而不是"定金"或"认购定金"，这种情况下如何判断呢？根据相关法律规定，定金条款的认定有两种标准。其一，在认购书中明确采用"定金"的称谓；其二，虽然不叫"定金"，但是在认购书的具体条款中有"定金罚则"的内容，也可被认为是定金。

签订了有定金条款的认购书，不意味着定金条款一定生效。因为定金的惩罚性，法律对其规定较为严格。首先定金条款只有在书面约定且实际交付定金后才生效，如果一方拒交或拒收，都会导致不能生效；其次，如果实际交付的定金多于或少于约定，视为更改条款，以实际交付的为准；最后，定金数额不能超过主合同标的的20%，超过则无效。

在本案中，认购书里明确约定了定金罚则，而李先生也已经于签认购书当天如数交付了定金，且定金也在合理范围内，所以定金条款是具有法律效力的。

三、可以要求返还定金的情形

如果认购书中包含定金条款，又已经交付了定金，那在什么情况下，可以要求返还定金呢？除去开发商违约或因开发商原因导致合同未能订立的情况之外（此时，购房人可以主张双倍返还定金），常见的主要情况如下：

首先，认购书无效。定金是用来担保认购书所约定的权利、义务实现的，如果认购书本身因为违反法律、法规的强制性规定而无效，定金条款往往也将无效。

其次，因不可归责于当事人双方的事由导致合同未能订立。最常见的情形就是像本案中这样，因为双方对买卖合同主要条款产生分歧，导致合同不能订立。这种情况下需要注意，我们所提出的异议必须是合理的，而且异议须是针对影响到合同目的实现的重要条款，即购房人就主要条款进行善意磋商未成，才可以主张返还定金；另外，开发商有时候会在认购书中写明，买受方已经详细阅读并理解公示的《商品房买卖合同》样本，以此来缩小、限制协商范围。这时候，购房人就需要注意合同样本是否按照法律规定实际进行了公示。当然，即便进行了公示，合同样本毕竟还有很多内容没有确定，在内容不确定的地方都还有协商的空间。

如要主张以上述事由请求返还定金，充分的证据准备是极为关键的。在诉讼中最重要的有两点：事实和法律。正所谓"以事实为根据、以法律为准绳"，而事实是不能说话的，只能靠证据来体现。

就像在本案中，确定了诉讼策略后，律师对于每一关键事实都进行了充分的记录、留证，为最终的胜诉奠定了坚实的基础。

有病治病总是不如没病防身，防患于未然才是上上之选。今天的社会越来越是一个契约的社会，不只是认购书，对于所有需要签字确认的文件，都应小心翼翼地"严阵以待"，因为下笔落字的同时，就意味着对某种法律责任的承诺。

法条链接：

甜蜜糖衣下的毒药

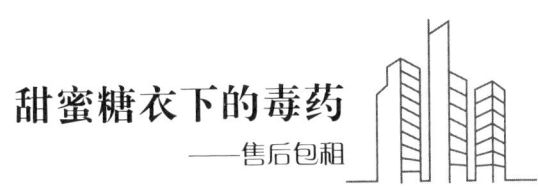

——售后包租

"稳赚不赔""售后返租，包租十年，年回报率9%""真正的零风险、坐在家中把钱赚"……开发商口中信誓旦旦的承诺，甜蜜诱人的高回报，售后包租模式究竟隐藏了多少法律风险，甜蜜的糖衣下面究竟是蜜糖还是毒药。

【稳稳的幸福】

马先生是一家跨国公司的高管，风度翩翩，年少有为。虽然他专业能力出众，但是对于投资理财领域却不是很擅长，加之他向来小心谨慎的性格，使他始终不敢踏足风云变幻的股票、期货市场。

有一天马先生陪爱人在北京朝阳某商场逛街时，遇到了一位非常热情的房产销售人员，极力地向马先生推荐她们地产公司开发的一处商场。销售人员向马先生保证，他们地产公司对出售的商铺采用售后包租的方式，不需要购房人担心，地产公司帮你把商铺出租出去，每年的租金能达到购房总价款的9%，只需要十年左右的时间就能收回全部成本。真正的零风险高回报，一铺难求。马先生看到销售人员提供的地产公司宣传册，内容确实和销售人员所述一致。

马先生回家后和爱人仔细研究了商铺问题，马先生认为现在房地产市场发展势头良好，好位置的商铺更是稀缺。这个地产公司是当地有名的大公司，开发的商场又紧邻一处即将开建的某大学新校区，位置优越。再加上自己平时工作又很忙，根本没有时间打理商铺，交给开发商来管理，自己稳赚租金，真的是非常划算。马先生决定要做这个投资。

第二天，马先生就匆匆来到了地产公司的售楼处，售楼处里前来咨询的有意向的购房者也不在少数。马先生抓紧找到了销售人员办理签约手续，销售人员拿出了早已准备好的《商品房买卖合同》，马先生一看上边全是打印好的内容也没法修改，就在买受人处签了字。签完这一份合同后销售人员又拿出了一份《委托经营管理合同》，但甲方名称却由某地产公司变为了某商场管理公司，马先生向销售人员询问原因，销售人员告知这个商场管理公司就是专门负责这个商场商铺管理的公司，这个合同没有问题。马先生心中也有一些疑虑，但看到合同中对于租金租期都约定得非常具体明确，马先生也就放松了警惕。"和谁签没关系，租金没问题就可以。"马先生手拿两份合同，心里嘀咕着走出了售楼处。

【泡沫的破灭】

马先生购房之后，感觉一切都在正常地运转。商铺如期交付，房产证也办了下来，商场也开始准备内部装修。但是平静的湖面下却也隐藏着些许不安的涌动，比如开发商极力宣传的商场旁边的某大学新校区迟迟没有任何动静，计划新开的公交线路也没有启动的迹象。马先生心中只能祈祷着所有的事情都能向着正轨上发展。

生活往往就如天气一样，蓝天白云、晴空万里，突然就来了暴风雨。马先生美好的期待就像泡沫遭遇了暴风雨一样突然破灭，开发商承诺的高额租金仅仅支付了一年就没有了音讯，商场旁边的某大学新校区也是纸上谈兵，商场的开发远没有预计得那么好，自己想租出去都很困难，更何谈高额的租金回报了。

【坚定的维权】

马先生意识到自己已经掉入了开发商的陷阱里，必须要拿起法律的武器来维权，于是找到了笔者，希望笔者帮他设计一个维权方案，最好能把商铺给开发商退回，如果退房不可以也要开发商至少按照合同赔偿违约金。笔者看完了马先生提供的案件相关材料，从以下几个方面进行了分析：

（1）从法律关系上来分析，本案其实存在两个法律关系。其一是马先生与开发商之间签订的《商品房买卖合同》，双方法律关系应为房屋买卖合同关系，这也是售后包租的基础法律关系；其二是马先生与商场管理公司之间签订的《委托经营管理合同》，双方法律关系应为委托经营关系。

（2）我国目前针对售后包租问题还未形成系统的法律规定，但因为该种销售模式存在着诸多的法律风险，实践中政府对于售后包租模式采取的是否定和限制的态度。建设部早在 2001 年出台的《商品房销售管理办法》中就明确禁止了开发商采用售后包租或者变相售后包租的方式销售未竣工商品房。

（3）开发商采用不同主体签订《商品房买卖合同》与《委托经营管理合同》，其根本目的是将购房行为与委托经营行为分开，开发商将自身的经营风险转移给购房人，一旦委托经营关系出现了无法履行的情况，开发商与购房人之间就出现了一道屏障，开发商可以以自己并非委托经营关系的相对方而逃避承担责任。而委托经营关系中的商场管理公司一般都是开发商设立的皮包公司，本身并没有偿还债务的能力，即使购房人通过诉讼取得了胜诉判决，也很可能因为无法执行而沦为一纸空文。最终损失最为惨重的还是购房者。

（4）马先生的维权方案，可以从两个方向同时开展：其一，开发商存在售后包租的违规行为，但马先生如果直接以此为由提起民事诉讼主张确认合同无效很可能不会得到法院的认可。因为根据我国相关的法律规定，法院确认合同无效应以法律和行政法规为依据，而《商品房销售管理办法》是由建设部制定的，其法律效力为部门规章，不足以作为法院认定合同无效的依据。但这并不意味着我们无法针对开发商采取任何行动，我们还可以借助行政机关对开发商售后包租的违法行为进行查处，在查处的过程中就有可能解决马先生的问题。因此，笔者建议马先生可以就开发商售后包租和违规宣传的行为向住建委和工商行政管理部门书面申请要求有关部门对开发商的违规行为进行查处，在这个对开发商施压的过程中争取创造出谈判退房的机会。其二，针对委托经营的问题也可以提起民事诉讼，在民事诉讼的选择上不仅要选择商场管理公司，还要把开发商也一起带上。因为开发商与商场管理公司之间存在关联关系，开发商也应与商场管理公司一起承担民事责任。

【经历风雨后的彩虹】

笔者接受了马先生的委托，按照拟定的维权方案开展了艰难的维权之路。马先生的案件正式启动，两个维权方向同时开展了工作。

第一种方法，违法查处。马先生将自己准备的材料提交给了北京市住建委和北京市工商行政管理局，两部门分别受理了马先生的申请。通过两部门的调查，发现开发商确实存在马先生反映的问题，准备对开发商作出行政处罚。同时本着化解社会矛盾的原则，两机关分别组织开发商与马先生进行了谈判，但开发商非常肯定地拒绝了马先生退房的要求。开发商称与马先生有类似情况的购房者有很多，如果一旦同意了马先生的要求自己的损失将无法估计。而且开发商自认为民事诉讼也牵连不到自己身上，更让他们"底气"十足。开发商负责人更是自信地说道："我们宁愿接受行政罚款，也不会给你退房的。"

第二种方法，民事诉讼。笔者将准备的民事诉讼提交到法院，法院很快组织了庭审。庭审中，商场管理公司不出意外地扛下了所有责任，开发商则辩称自己与《委托经营管理合同》没有任何关系，不应当承担连带责任。针对开发商的辩解，笔者结合己方的证据材料，从以下几个方面论证了开发商在委托经营关系中的关联性：

首先，根据开发商自己的宣传册内容可知，开发商明确了售后包租的销售模式，每年的收益固定为购房总价款的9%。商铺的回报收益明确具体，必然会对购房者的购房信心及所售商铺价格产生重大影响。因此，该宣传册的内容也应成为开发商与购房者达成的协议，开发商也应当履行宣传册中承诺的内容。

其次，售后包租的销售模式是国家部门规章所禁止的，开发商变相售后包租的行为已经受到了行政机关的行政处罚，因此可以认定开发商凭借售后包租的销售模式获得了违规的销售利润，但开发商又不想承担商铺经营不善给购房者带来的损失。开发商的这种行为明显违反了民法中的公平原则。

最后，开发商与商场管理公司之间存在业务往来关系，两家公司在法定住所地、公司高管及财务人员、公司账户等多种方面都存在混同情况。且购房者在签订《商品房买卖合同》的同时只能而且必须与开发商指定的商场管理公司签订《委托经营管理合同》，因此可以认定开发商与商场管理公司之间存在捆绑销售的问题，开发商与商场管理公司之间存在关联，开发商应对购房者承担连带赔偿责任。

最终，一审法院判决支持了笔者的诉讼请求，判令商场管理公司向马先生支付约定租金收益的损失并承担违约责任，开发商对此承担连带责任。开发商对一审判决不服，认为一审法院判决突破了合同的相对性原理，向上级法院提起了上诉。二审法院经过审理驳回了开发商的上诉，开发商最终无奈地赔偿了马先生的损失。这真是"聪明反被聪明误，玩火岂能不自焚"。

【律师解析】

（一）售后包租的概念

根据 2001 年建设部发布的《商品房销售管理办法》第 45 条规定"……本办法所称售后包租，是指房地产开发企业以在一定期限内承租或者代为出租买受人所购该企业商品房的方式销售商品房的行为。……"由此可知，售后包租是指开发商为了促进销售，出售商品房时与购房者约定，在出售商品房后的一定期限内由开发商以承租或代为出租的方式包租，以包租期间的租金冲抵购房款或给付固定租金收益的行为。

《商品房销售管理办法》第 11 条规定"……房地产开发企业不得采取售后包租或者变相售后包租的方式销售未竣工商品房。"该办法并未明确指出变相售后包租的具体概念，结合笔者多年承办案件的经验，这里的变相售后包租实际上就是指开发商采用自己的名义与购房者签订房屋买卖合同，使用其直接或间接控制的另一家公司与购房者签订委托经验合同、房屋租赁合同或其他类型的合同，以包租期间的租金冲抵购房款或给付固定租金收益的行为。

笔者认为，开发商采用售后包租或者变相售后包租在本质上并没有明显的区别。本案中马先生遇到的开发商采取的就是变相售后包租的模式，这两种行为均属于扰乱正常房地产市场秩序的行为，在看似诱人的高回报背后隐藏了大量的法律风险。

（二）售后包租的风险

售后包租的销售模式从一开始出现就备受争议，其背后隐藏的法律风险不胜枚举。在此，笔者简单总结了以下几种比较常见的法律风险：

第一，开发商自身原因导致承诺的高回报无法实现。开发商通过出售房屋所获得的收入一般都会被用到其他的开发项目中，在这期间一旦开发商的某一个环节出现了问题，开发商自身都有可能发生资金链断裂。一旦开发商自身资金链断裂，那么他有可能自身都难保，更不必说实现给购房者高回报的承诺了。而且一个商铺想要拿到高额的租金，必然需要有高效的商业管理和良好的营商环境。如果开发商在出售房屋之后无心经营，不投入精力和资金运用到商业管理中，那么购房者对于商铺高回报的预期很可能会无法实现。

第二，销售与租赁或委托经营分离，购房者难以维权。售后包租模式下，开发商往往只与购房者签订《商品房买卖合同》，指定另一家公司与购房者签订《房屋租赁合同》或《委托经营合同》，由另一家公司来负责租赁及支付租金。该种模式存在的最大的法律风险就是开发商在自己与购房者之间直接筑起了一道法律"屏障"，开发商将自己的经营风险完全转嫁到了另一家公司身上。而这另一家公司一般都是开发商设立的皮包公司，根本不具备承担经营风险的能力，一旦产生债务便可宣告破产，最终的经营风险完全由购房者来承担。这就是好多售后包租案件中，购房者拿到了胜诉判决却拿不到最终赔偿的原因。

第三，购房者无法取得房屋或产权证。开发商在售后包租模式下迅速收取了大量的购房款，一旦被其抓住了行政机关在资金监管中的漏洞，很可能会发生房产项目停工、拖欠工程款、烂尾楼等问题。即使房屋如期竣工，开发商出售的商铺也很有可能是自己分隔的小空间。这种开发商自己划分的商铺往往界限模糊，购房者根本无法取得自己商铺独立的产权证。

（三）售后包租应该如何维权

售后包租的法律风险如此巨大，如果购房者已经遇到或可能遇到售后包租的问题，应当如何来进行维权？笔者通过多年的执业经验总结出以下几点建议：

第一，决策之前必须慎重。投资行业有一条公认的行规：高回报必然伴随着高风险。天上不会掉馅饼，根本不会存在零风险高回报的情况。购房者在决定购房之前，一定要去现场实际考察房屋建设情况、周边发展环境以及商业发展前景，对于一些房屋建设进展缓慢、周边发展环境差以及开发商承诺超高回报的项目，一定要慎重做出决策。

第二，处处留心皆证据。开发商售楼处的海报宣传、印制的宣传册，销售人员口头做出的承诺等都可以作为日后诉讼中的证据材料，因此在日常生活中要注意处处留心。一旦发生了纠纷，这些证据材料就有可能成为转败为胜的关键。

第三，双管齐下更保险。在售后包租纠纷中，购房者往往只局限于民事纠纷，而民事诉讼往往又无法直击开发商的痛处。开发商是需要受到行政机关监管的，一旦开发商出现了违法违规行为，购房者也可以同时选择向有关行政机关求助，借助行政机关来帮助自己维权。

【尾声】

马先生的案件最终取得了还算满意的结果，回首整个维权的过程也真是足够艰辛。售后包租这个甜蜜的糖衣下面隐藏的却是毒药，

这是马先生所没有意料到的。笔者在此提醒广大购房者，切勿被高回报的宣传所迷惑，一定要擦亮眼睛，透过现象看到内在的各种法律陷阱。

【法律链接】

蜩螗羹沸怎宁神

——立在噪音上的房屋

　　很多人都会背负着一个使命来到世上，没有人知道是什么，但是在人的心里深深扎根，久久不能平静。

　　这些年很流行北漂，为什么漂呢？为了金钱？为了名誉？为了权贵？又或者仅仅是为了初心。带着初心，林女士也开始了自己的北漂梦。林女士在大学毕业后离开父母，拒绝掉安排好的工作，一个人只身来到北京，租住着出租屋，每天两点一线的生活，这种生活紧张而又忙碌，每天在人来人往中穿梭行走，坚忍不拔地生长；随着时间不断流逝，林女士的工作节节上升，不久就升了主管，薪酬也变高，越努力越幸运，不久林女士也遇到自己的另一半，结婚生子，有了自己的小家庭，开始了自己的幸福生活。

　　但美中不足的是，孩子慢慢长大，家中的老人也年迈，如果继续租住房子可能面临不稳定的生活状态，难免会缺少一丝安稳，况且这些年来也攒下一笔钱，林女士和先生商量着是时候买一处属于自己的房子了。

　　有了这个念头，林女士找到了做房屋销售工作的朋友李先生，跟李先生说了自己的想法。李先生说："林姐，你这可找晚了，目前只剩下一层的房屋没有售出，你能接受不？预售早就开始了，你也不早点跟我说，我好帮你预留一套，这期房屋户型好，小区绿化景观很完备，都是相当出名的设计师做的整体规划，房屋销售得很快，现在虽然只剩一套，但是户型不错，你可以看一下。"林女士见状，想着既然是熟人推荐，即便是最后一套，但是房屋质量还是有保障的。不过出于稳妥的考虑，林女士还是对比了几家相对小型的开发商，最终综合考虑，选择了李先生的推荐，随即签了《商品房预售买卖合同》。

　　眼看着交房的日子临近，在一个微风和煦的日子，林女士一家人正在公园遛弯，销售李先生打电话通知林女士收房，林女士接到电话后，内心激动万分，和家人沉浸在即将见到自家新房的喜悦之中，双方约定明天一早在楼盘售楼处见面。第二天一早，林女士和先生一起来到售楼处，随后在小李的带领下去看自己家的新房。林女士走到楼栋前，看着四周的绿化，内心的欣喜之情溢于言表。走入户门，看到房间窗明几净，大大的落地窗，宽敞的阳台，一家人终于有自己的小窝了！参观完房型和相关室内的精致装修，林女士和先生觉得甚是满意，他们深知在一个城市扎根对于他们多么不易……但是，林女士对房屋的相关手续与文件并没有进行查看，对于一般的买房者而言，一般只会注意到房屋的硬件问题，比如柱子是不是有问题，房屋是不是有裂缝，这些表面性的问题一般会看一下，但是像竣工验收备案表和相关规划审批开发商一般不会主动提供给业主，业主如果不了解基本收房流程，也不会发现相关问题。

　　交房后的第二天，林女士和先生张罗着需要将之前买好的家具添置到房屋里，于是就在一天傍晚下班后和家具公司一起到自己家房子，把家具安置好。那天打开房门刚进去，就听见有隆隆声，哪里来的声音？林女士心想。莫不是这周边还有地方在动工，但是小区建设已经很完备，并没有任何地方有在建设的痕迹，怎么会有这样的声音呢？把家具放置好之后，林女士走到窗边坐下，但是，内心却惴惴不安。林女士老公说，给小李打电话，问问他什么情况。电话打过去，留下的是一串长长的嘟嘟声，这让林女士内心更加不安。天色已晚，考虑到老人和孩子还在家，于是先回去了……

　　次日早上，林女士收到小李的来电，小李了解情况之后说："不可能，绝对不可能，这可是大开发商的房子，怎么会有这样的问题？"于是双方约定今天傍晚再次一起去新住处看下。林女士直接到售楼处找到了小李，小李迎上来，面带微笑地招呼道："林姐，您别担心，像您说的这种情况绝对不可能出现在我给您推荐的房子里。"于是，双方再次来到林女士的住房，果然奇怪，什么声音也没有了。小李一脸得意地说："林姐，您看，我说房子没问题吧，之前那个声音可能是周边施工，但是绝对不是咱们住房的问题。"见状，林女士长舒一口气，真心希望这房子不再出什么问题。

凑了个周六日的时间，林女士一家老小收拾了房子后就搬进了新小区，邀请亲戚朋友来家里玩，夜色逐渐降临，周边一切渐渐静寂。在一家人静静聊天时，刺耳的轰鸣声再次响起，林女士一下子就慌了，因为父母年事已高，喜静；孩子年龄还小，更需要一个相对安静的环境，在这样的一个超高分贝的噪音环境中生活，家人实在有些崩溃。尽管父母安慰自己说没关系，但是如此的环境让林女士忍无可忍。于是，林女士和老公来到售楼处找负责的经理，恰巧看到在值班的小李，见二位走来，林女士脸色不对，小李迎了上去。随后，小李再次跟着林女士来到了家里，小李这个时候听到噪音之后说："这个呀，近两天地下室设备间检修，工人师傅动静有些大，我和经理反映一下，尽量让他们尽快测试完，别着急，一两天就检修完了。"随后就离开了……

小李的回答并不是什么书面的文件，不具备任何法律效力，谁也不知道是真是假。伴随着这样的声音持续了一天，声音并没有减小，反而越发增大；这天林女士正在单位上班时，林女士的父亲来电，"姑娘，我知道声音是哪里来的了，咱们楼下有整个小区的锅炉房，咱们这个小区好几期，所有的设备都安排在咱们这栋的楼下，要不是我碰见检修师傅，都不知道咱们地下室还有这么多的锅炉。"林女士听到这里，一下就呆了，这哪是一两天能够完事的，等到后面几期房子交付，所有锅炉房都打开，那声音只会增大，不会有减小的可能性，这个杀熟的小李，如果早点知道这个房屋的情况，林女士根本就不会购买这样的房子。

【矢口否认，蛮不讲理】

现在的房屋，林女士已经入住，一家老小在房屋内感受到的震感比较强烈，另外就是噪声，老人和小孩儿根本无法久待在这样的环境里，轻则耳朵疼，重则头晕目眩；林女士看着这种情况，很是闹心；再次与小李打电话，小李说这个事已经跟开发商那边反映了，但是总经理最近出差，需要等两三天回来之后一起过来房屋这边查看。林女士又跑到开发商售楼部请求解决问题，但是销售人员均支支吾吾却没有一个领导出来解决问题，林女士只能离开……

在焦急的等待中，小李有一天终于打来电话说，总经理今天回来北京了，下午有时间可以看一下房子。于是，在下午的时候小李陪同总经理来到林女士的家里，这时候声音依旧存在；但是开发商这边认为是符合《住宅设计规范》的，声音分贝完全符合国家标准，满足居住的基本要求，这个声音当时是经过专门机构测验评估过的，不可能超标，不可能存在任何问题。另外，如果不是房子本身存在的问题，开发商则不负责维修。

林女士急得焦头烂额，居住在里面的林女士一家人清楚知道，开发商那边人过来声音减小，一旦走后，声音又变大，开发商这种拒不解决问题的态度，令林女士甚是气愤。新买的房还没使用，就彻底撒手不管，那之后还了得？随着时间的推移，林女士也不断地找朋友咨询解决办法；朋友们都建议林女士做一下检测，看看噪音是否超标。一次偶然的机会林女士来到了地下一层，进入了设备间，霎时林女士自己都要惊呆了，比人高的锅炉，好几台都在自己房屋的地下室"鳞次栉比"地排列着，林女士当时都要气晕过去。

林女士进行了拍照和录像，打算找到开发商进行谈判。

【与开发商谈判】

林女士拿着拍到的照片和视频找到开发商，提出了自己想要换房的诉求。开发商态度很强硬："换房？那不行，现在房子都卖出去了，其他业主也在收房，您提出的换房申请很抱歉我们没有办法满足您。"开发商提出了另外一种解决方案，即将锅炉房的位置移一下，可是林女士深知，现在管道均已铺设完毕，怎么可能会大费周章地进行整修。事实证明，开发商也不过是说说而已，这不是欺骗傻子吗？时间不断流逝，房屋噪声非但没有减小，反而有加大的趋势。这样下去可不行，时间拖得越长，这件事情处理起来也就越困难，最终林女士找到了笔者。

【找律师请求支援】

"王律师我真的要被气死了，我真的没有办法了，都要愁死了……"林女士进门就这样跟我说，我详细地请林女士将事情的来龙去脉讲清楚之后，作出了以下分析：

依据目前的情况，有几种方案：第一，解除合同退房，但是周边房屋价格已经上涨很多，若是平价退房损失很大；第二，换房，这个方案是最好的，但是这个方案无法强制，即便诉讼法院也是不支持的，除非开发商自己同意；第三，要求赔偿损失，但对于林女士来说房屋一刻也无法居住使用，所以赔偿多少都无法接受。

沟通到这里，笔者依据现在面临的比较现实的问题，进行取证，就是委托检测机构对噪音源是否超标进行检测。而具体的检测，可以选择单方委托或者和开发商一起委托，合同里面并没有对此作出明确规定，往常的实践经验中都是开发商和业主共同进行检测。通过和林女士商量，最终决定和开发商共同委托检测机构检测，原因有以下三点：首先是出于检测费用的考虑，共同委托的费用希望开发商承担；其次就是依据经验，只有在开发商的配合下，保证所有的机器全部都打开，这样的检测结果才能是比较精准的数据；最后就是为了避免双方因为监测数据的真实性陷入不必要的争执，保证相对的公平、公正、公开。

笔者建议林女士在笔者的陪同下，以林女士朋友的身份与开发商进行谈判，申请开发商与林女士共同委托。谈判地点在一家茶馆，起初，开发商是不同意的，这也是笔者预料到的。在这种情况下，笔者通过录音取证，并且巧妙地获取有效信息，表示如果不同意，将通过有关部门进行查处，要求开发商限期整改；其实笔者清楚，这样的一种方式，无论对于林女士还是对于开发商都是比较耗神费力的方式；最终，经过不断的谈判协商，开发商同意配合一起检测，费用由开发商先行垫付。

接下来一起找检测机构，选定了三家，最终在这三家中通过协商确定了一家认可度比较高且林女士和开发商都认可的机构。另外，即便与开发商前期沟通了，在检测的那一天，我们还是捏着一把汗；开发商派代表过来，我们全程监督，要求开发商打开所有的锅炉房设备，检测时，我们申请对所有房屋进行检测，但是开发商不同意，开发商只想检测一间次卧，双方僵持不下……最终双方各退了一步，共同选择了两间次卧进行检测。当然，这也是检测机构专业建议的结果。

随后便是焦急的等待，我们比较担心出来的是检测结果对我们不利；终于，检测报告出来了，林女士拿着检测报告给笔者看时，这份检测报告上虽然只有两间次卧的声音数据报告，但是数据果然是远高于国家噪声设计规范的，这说明开发商交付的房屋不能达到噪音合格的条件，对人的居住使用会有严重的影响。但是，在双方所签署的《商品房买卖合同》中，并没有写明若房屋噪音超标，购房人就有权解除合同，甚至也没有约定噪音超标的违约后果。

检测结果出来了，结果对我们也很有利，那么该如何抉择这是林女士应该做的事情了。是以此为由要求解除合同，还是要求赔偿呢？事实上，林女士觉得这两个都不是最佳的解决方案，最好的还是换房，而恰恰换房无法通过法院判决来实现，只能双方协商。笔者在了解了李女士的顾虑后，主动提出要找开发商和谈，希望双方利益最大化。没想到和开发商谈判的时候，开发商破罐子破摔，直接表态就是不能退房，赔偿的话就是减免两年物业费，这下子双方没有任何可以谈判的基础了，林女士决定诉讼。

【法庭交锋】

笔者接受林女士的委托就此事向法院提起了诉讼，要求解除合同、返还购房款及赔偿因此给我方造成的全部损失。笔者想到开发商之前多次谈判态度都非常蛮横、坚定，估计对于诉讼也是比较有把握的，或者是说对诉讼结果不在乎。经过再三衡量之后，笔者联系了几家媒体，邀请媒体在开庭的时候一同参加。等到开庭的时候，几家媒体联系了法官，要求公开旁听并且希望能够采访法官和录制庭审过程，法官的压力来了，开发商的压力就更大了。

最终在法院的调解下，开发商和林女士和解，开发商同意给林女士退房，签署《解除协议》，且在一定期限内返还林女士购房款及赔偿林女士所主张的全部损失。

【律师总结】

(一) 收房的注意事项

在收房前，一定要先验房。验房包括几个方面：第一，要看房屋是否取得了竣工验收备案表规划验收批准文件、面积实测技术报告书，同时要了解房屋是否取得了消防验收或者消防备案证明，也要了解小区的公共配套设备设施是否已经经过了验收合格。第二，收房前应该先验房，这是购房人的基本权利。必要的时候可以聘请专业的质量检测机构进行检测，所形成的检测报告或者异议，要书面提交给开发商，这是以后维权的证据。第三，在办理收房的过程中，要注意所签署的法律文件。一定不能签署空白的，签署的所有文件一定要拍照留存。

(二) 首层业主谨慎收房，注意地下室

作为首层的业主在收房时应该特别注意地下室，除了本文中的锅炉房集中安置在地下室外，笔者看过一些类似在地下室安装"化粪池"的报道，导致一层的业主家里总是臭味熏天，无法居住。所以，一层的业主要格外注意。

那么，如果一旦遇到了有地下设备，且距离自己购买的房屋很近，就像林女士一样，这种情况怎么办呢？首先，要先找到设备所在地点，然后留存证据取证；其次，设备声音是否超标要请专业有资质的检测机构现场检测，拿着数据说话比一切"扯皮"来得更直接，更有说服力；最后有了检测报告，咱们再依据购房人和开发商签订的购房合同，提起相关的诉讼或其他的维权方案。

(三) 及时聘请专业律师，及时取证，维护自己的权益

目前，涉及房屋和土地的纠纷非常多，而且房地产纠纷的诉讼涉及的政策性很强，法律规定纷繁复杂。所以，当出现了相关的纠纷，可以及时聘请律师为自己指点迷津，帮助自己固定证据，也可以听取律师对案件利弊的分析从而作出理性的判断和决定。其实，

律师越是提前介入，越能阻止当事人损失的发生或扩大。所以，建议朋友们多交律师朋友，多听从律师的建议。

法条链接：